Marie-Alice Briand

La Poésie engagée

Première de couverture : © Collection Perron/Kharbine-Tapabor © Adagp, Paris 2009.
Deuxième de couverture : [b] © Rue des Archives/Darius Shepard © Adagp, Paris 2009 ; [h] © Collection Kharbine-Tapabor.
Troisième de couverture : © Aisa/Leemage © Succession Picasso 2009.

ISBN 978-2-7011-5151-9
ISSN 1958-0541

CLASSICOCOLLÈGE

La Poésie engagée

Choix des poèmes et dossier
par Gaëlle Le Guern-Camara
Certifiée de lettres modernes

BELIN ■ GALLIMARD

Sommaire

Les poèmes de l'anthologie

S'engager en France pendant la Seconde Guerre mondiale

S'engager dans le monde au XXe siècle

Introduction

La poésie est souvent considérée comme le genre littéraire qui favorise, par excellence, l'expression de soi et des sentiments personnels. Pourtant, bien des poètes estiment qu'ils ont un rôle à jouer dans la société dans laquelle ils vivent et se font les porte-parole des opprimés et des persécutés.

Dès le XIXe siècle, Victor Hugo assigne au poète une fonction de guide conduisant les hommes vers le progrès. Il prend activement part à la vie politique de son époque et compose des vers qui deviennent une arme virulente pour dénoncer, par exemple, les agissements de l'empereur Napoléon III. L'auteur des *Châtiments* trace ainsi les grandes orientations de la poésie engagée.

Tout au long du XXe siècle, la poésie suit les soubresauts de l'Histoire. Les poètes du monde entier prennent position dans les grands combats qui agitent leur temps : la guerre civile espagnole, la Seconde Guerre mondiale, la guerre civile grecque, la lutte contre le colonialisme. Un mot guide leur engagement : celui de liberté.

«À tous les repas pris en commun, nous invitons la liberté à s'asseoir. La place demeure vide mais le couvert reste mis.»

René Char, *Feuillets d'Hypnos*,
fragment 131.

«Vous allez demander pourquoi sa poésie
ne parle-t-elle pas du rêve, des feuilles,
des grands volcans de son pays natal?

Venez voir le sang dans les rues,
venez voir
le sang dans les rues,
venez voir le sang
dans les rues!»

Pablo Neruda, *Résidence sur la Terre*,
«J'explique certaines choses».

S'ENGAGER EN FRANCE PENDANT LA SECONDE GUERRE MONDIALE

PAUL ÉLUARD

Paul Éluard (1895-1952) est un poète surréaliste. Ami intime de Pablo Picasso, il s'engage à ses côtés pendant la guerre d'Espagne pour défendre la cause républicaine. Lors de la Seconde Guerre mondiale, il rejoint la Résistance et organise la publication de recueils collectifs clandestins.

1. Avis[1]

Paul Éluard rend ici hommage à Lucien Legros, lycéen résistant, exécuté en avril 1943 par les nazis. Il évoque la dernière nuit du jeune homme avant son exécution. Le poète décrit avec force l'état d'esprit du condamné qui oscille entre deux sentiments: d'une part l'horreur et l'angoisse de la situation présente, d'autre part l'espoir que sa mort ne soit pas inutile. En effet, chaque résistant participe à une lutte qui le dépasse et qui sera poursuivie après lui.

La nuit qui précéda sa mort
Fut la plus courte de sa vie
L'idée qu'il existait encore
Lui brûlait le sang aux poignets
Le poids de son corps l'écœurait
Sa force le faisait gémir
C'est tout au fond de cette horreur
Qu'il a commencé à sourire
Il n'avait pas UN camarade
Mais des millions et des millions
Pour le venger il le savait
Et le jour se leva pour lui.

«Avis» [1943, sous le pseudonyme de Jean du Haut],
repris dans *Au rendez-vous allemand*, Éditions de Minuit, 1945.

---

1. **Avis** : liste d'otages placardée sur les murs par les Allemands pour effrayer la population française et la dissuader de participer à la Résistance.

2. Courage

À travers le poème qui suit, Paul Éluard brosse un portrait de Paris sous l'Occupation allemande: il loue le courage de la population qui souffre du froid et de la faim, et lui adresse un message d'espoir tout en l'exhortant à participer à la Résistance.

Paris a froid Paris a faim
Paris ne mange plus de marrons dans la rue
Paris a mis de vieux vêtements de vieille
Paris dort tout debout sans air dans le métro
Plus de malheur encore est imposé aux pauvres
Et la sagesse et la folie
De Paris malheureux
C'est l'air pur c'est le feu
C'est la beauté c'est la bonté
De ses travailleurs affamés
Ne crie pas au secours Paris
Tu es vivant d'une vie sans égale
Et derrière la nudité
De ta pâleur de ta maigreur
Tout ce qui est humain se révèle en tes yeux
Paris ma belle ville
Fine comme une aiguille forte comme une épée
Ingénue et savante
Tu ne supportes pas l'injustice
Pour toi c'est le seul désordre
Tu vas te libérer Paris
Paris tremblant comme une étoile
Notre espoir survivant
Tu vas te libérer de la fatigue et de la boue
Frères ayons du courage
Nous qui ne sommes pas casqués
Ni bottés ni gantés[1] ni bien élevés

1. Allusion à l'uniforme des soldats allemands.

Un rayon s'allume en nos veines
Notre lumière nous revient
Les meilleurs d'entre nous sont morts pour nous
Et voici que leur sang retrouve notre cœur
Et c'est de nouveau le matin un matin de Paris
La pointe de la délivrance
L'espace du printemps naissant
La force idiote a le dessous
Ces esclaves nos ennemis
S'ils ont compris
S'ils sont capables de comprendre
Vont se lever.

1942.

« Courage » [1943, sous le pseudonyme de Maurice Hervent], repris dans *Au rendez-vous allemand*, Éditions de Minuit, 1945.

3. Bêtes et méchants

Dans ce portrait sans concession des soldats allemands, Paul Éluard jongle entre dénonciation virulente et ironie. Il choisit de se moquer de ceux qui terrorisent la France entière et les décrédibilise par un tableau qui tient de la caricature. Il délivre de la sorte un vrai message d'espoir.

Venant du dedans
Venant du dehors
C'est nos ennemis
Ils viennent d'en haut
Ils viennent d'en bas
De près et de loin
De droite et de gauche
Habillés de vert

Habillés de gris[1]
La veste trop courte
Le manteau trop long
La croix de travers[2]
Grands de leurs fusils
Courts de leurs couteaux
Fiers de leurs espions
Forts de leurs bourreaux
Et gros de chagrin
Armés jusqu'à terre
Armés jusqu'en terre
Raides de saluts
Et raides de peur
Devant leurs bergers
Imbibés de bière
Imbibés de lune
Chantant gravement
La chanson des bottes
Ils ont oublié
La joie d'être aimé
Quand ils disent oui
Tout leur répond non
Quand ils parlent d'or
Tout se fait de plomb
Mais contre leur ombre
Tout se fera d'or
Tout rajeunira
Qu'ils partent qu'ils meurent
Leur mort nous suffit.

*
* *

1. Allusion à la couleur de l'uniforme des soldats allemands.
2. **Croix de travers** : croix gammée, symbole du régime nazi.

Nous aimons les hommes
Ils s'évaderont
Nous en prendrons soin
Au matin de gloire
D'un monde nouveau
D'un monde à l'endroit.

Au rendez-vous allemand, Éditions de Minuit, 1945.

4. Liberté

Destiné à Nush, la femme aimée, ce poème a d'abord été publié sous le titre « Une seule pensée ». Par la suite, Paul Éluard a choisi d'ajouter un mot à la fin de son texte (« liberté »), réorientant ainsi totalement son sens et transformant un chant d'amour en chant de révolte. Cette superposition de deux significations a permis de détourner habilement la censure. Ce poème a connu un destin exceptionnel : l'aviation anglaise en a parachuté des milliers d'exemplaires sur la France pour encourager les résistants.

Sur mes cahiers d'écolier
Sur mon pupitre et les arbres
Sur le sable sur la neige
J'écris ton nom

Sur toutes les pages lues
Sur toutes les pages blanches
Pierre sang papier ou cendre
J'écris ton nom

Sur les images dorées
Sur les armes des guerriers
Sur la couronne des rois
J'écris ton nom

Sur la jungle et le désert
Sur les nids sur les genêts[1]
Sur l'écho de mon enfance
J'écris ton nom

Sur les merveilles des nuits
Sur le pain blanc des journées
Sur les saisons fiancées
J'écris ton nom

Sur tous mes chiffons d'azur
Sur l'étang soleil moisi
Sur le lac lune vivante
J'écris ton nom

Sur les champs sur l'horizon
Sur les ailes des oiseaux
Et sur le moulin des ombres
J'écris ton nom

Sur chaque bouffée d'aurore
Sur la mer sur les bateaux
Sur la montagne démente
J'écris ton nom

Sur la mousse des nuages
Sur les sueurs de l'orage
Sur la pluie épaisse et fade
J'écris ton nom

Sur les formes scintillantes
Sur les cloches des couleurs
Sur la vérité physique
J'écris ton nom

1. **Genêts** : arbustes à fleurs jaunes.

Sur les sentiers éveillés
Sur les routes déployées
Sur les places qui débordent
J'écris ton nom

Sur la lampe qui s'allume
Sur la lampe qui s'éteint
Sur mes maisons réunies
J'écris ton nom

Sur le fruit coupé en deux
Du miroir et de ma chambre
Sur mon lit coquille vide
J'écris ton nom

Sur mon chien gourmand et tendre
Sur ses oreilles dressées
Sur sa patte maladroite
J'écris ton nom

Sur le tremplin de ma porte
Sur les objets familiers
Sur le flot du feu béni
J'écris ton nom

Sur toute chair accordée
Sur le front de mes amis
Sur chaque main qui se tend
J'écris ton nom

Sur la vitre des surprises
Sur les lèvres attentives
Bien au-dessus du silence
J'écris ton nom

Sur mes refuges détruits
Sur mes phares écroulés
Sur les murs de mon ennui
J'écris ton nom

Sur l'absence sans désir
Sur la solitude nue
Sur les marches de la mort
J'écris ton nom

Sur la santé revenue
Sur le risque disparu
Sur l'espoir sans souvenir
J'écris ton nom

Et par le pouvoir d'un mot
Je recommence ma vie
Je suis né pour te connaître
Pour te nommer

Liberté.

Poésie et vérité [1942], repris dans *Au rendez-vous allemand*,
Éditions de Minuit, 1945.

5. Couvre-feu

Dans ce texte, Paul Éluard évoque une des réalités quotidiennes de la guerre : celle du couvre-feu, qui interdit à la population de sortir le soir après une certaine heure. Chantant l'amour en temps de guerre, ce court poème est aussi une façon de se révolter contre l'Occupation allemande en proclamant la liberté de vivre et d'aimer.

Que voulez-vous la porte était gardée

Que voulez-vous nous étions enfermés

Que voulez-vous la rue était barrée

Que voulez-vous la ville était matée[1]

Que voulez-vous elle était affamée

Que voulez-vous nous étions désarmés

Que voulez-vous la nuit était tombée

Que vouliez-vous nous nous sommes aimés.

Poésie et vérité [1942], repris dans *Au rendez-vous allemand*,
Éditions de Minuit, 1945.

---

1. **Matée** : soumise, réduite à l'obéissance.

ROBERT DESNOS

Robert Desnos (1900-1945) est un poète français qui participe au surréalisme dans les années 1920. La montée des mouvements fascistes le pousse à s'engager politiquement dès les années 1930. Pendant l'Occupation allemande, il rejoint la Résistance et fournit des faux papiers à des juifs et à des résistants. Il est arrêté par la Gestapo en 1944 et déporté au camp de Terezin (Tchécoslovaquie) où il meurt le 8 juin 1945.

6. Couplets de la rue Saint-Martin

Robert Desnos écrit ce poème quelques temps après la disparition de son ami André Platard qui, comme de nombreux résistants, a été arrêté par les Allemands ou par les milices françaises qui collaborent avec l'occupant. Sans nouvelles de son ami, le poète craint le pire.

Je n'aime plus la rue Saint-Martin
Depuis qu'André Platard l'a quittée.
Je n'aime plus la rue Saint-Martin,
Je n'aime rien, pas même le vin.

Je n'aime plus la rue Saint-Martin
Depuis qu'André Platard l'a quittée.
C'est mon ami, c'est mon copain.
Nous partagions la chambre et le pain.
Je n'aime plus la rue Saint-Martin.

C'est mon ami, c'est mon copain.
Il a disparu un matin,
Ils l'ont emmené, on ne sait plus rien.
On ne l'a plus revu dans la rue Saint-Martin.

Pas la peine d'implorer les saints,
Saints Merri, Jacques, Gervais et Martin[1],
Pas même Valérien[2] qui se cache sur la colline.
Le temps passe, on ne sait rien.
André Platard a quitté la rue Saint-Martin.

État de veille [1943], repris dans *Destinée arbitraire*, Gallimard, «Poésie», 1975.

Dans les textes 7 et 8, Robert Desnos proclame son engagement dans la Résistance et sa volonté de lutter contre les nazis et le gouvernement de Vichy. Il fait partie de ces nombreux anonymes qui se battent pour une même cause: la liberté. Ces deux poèmes sont publiés dans des recueils collectifs de poètes résistants sous des pseudonymes (*L'Honneur des poètes* en juillet 1943 et *L'Honneur des poètes II* en mai 1944).

7. «Ce cœur qui haïssait la guerre…»

Ce cœur qui haïssait la guerre voilà qu'il bat pour le combat et la bataille!
Ce cœur qui ne battait qu'au rythme des marées, à celui des saisons, à celui des heures du jour et de la nuit,
Voilà qu'il se gonfle et qu'il envoie dans les veines un sang brûlant de salpêtre[3] et de haine
Et qu'il mène un tel bruit dans la cervelle que les oreilles en sifflent
Et qu'il n'est pas possible que ce bruit ne se répande pas dans la ville et la campagne
Comme le son d'une cloche appelant à l'émeute et au combat.

---

1. Églises à proximité de la rue Saint-Martin, à Paris.
2. Entre 1940 et 1944, plus d'un millier de résistants ont été exécutés au Mont Valérien, à quelques kilomètres de Paris.
3. **Salpêtre** : substance utilisée pour fabriquer des explosifs.

Écoutez, je l'entends qui me revient renvoyé par les échos.
Mais non, c'est le bruit d'autres cœurs, de millions d'autres cœurs battant comme le mien à travers la France.
Ils battent au même rythme pour la même besogne tous ces cœurs,
Leur bruit est celui de la mer à l'assaut des falaises
Et tout ce sang porte dans des millions de cervelles un même mot d'ordre :
Révolte contre Hitler et mort à ses partisans !
Pourtant ce cœur haïssait la guerre et battait au rythme des saisons,
Mais un seul mot : Liberté a suffi à réveiller les vieilles colères
Et des millions de Français se préparent dans l'ombre[1] à la besogne que l'aube proche leur imposera.
Car ces cœurs qui haïssaient la guerre battaient pour la liberté au rythme même des saisons et des marées, du jour et de la nuit.

« Ce cœur qui haïssait la guerre… » [1943, sous le pseudonyme de Pierre Andier], repris dans *Destinée arbitraire*, Gallimard, « Poésie », 1975.

8. Le veilleur du Pont-au-Change

Je suis le veilleur de la rue de Flandre,
Je veille tandis que dort Paris.
Vers le nord un incendie lointain rougeoie dans la nuit.
J'entends passer des avions au-dessus de la ville.

Je suis le veilleur du Point du Jour.
La Seine se love dans l'ombre, derrière le viaduc d'Auteuil,
Sous vingt-trois ponts à travers Paris.
Vers l'ouest j'entends des explosions.

1. Résistants préparant le débarquement des Alliés et la Libération.

Je suis le veilleur de la Porte Dorée.
Autour du donjon le bois de Vincennes épaissit ses ténèbres.
J'ai entendu des cris dans la direction de Créteil
Et des trains roulent vers l'est[1] avec un sillage de chants de révolte.

Je suis le veilleur de la Poterne des Peupliers.
Le vent du sud m'apporte une fumée âcre,
Des rumeurs incertaines et des râles
Qui se dissolvent, quelque part, dans Plaisance ou Vaugirard.
Au sud, au nord, à l'est, à l'ouest,
Ce ne sont que fracas de guerre convergeant vers Paris.

Je suis le veilleur du Pont-au-Change
Veillant au cœur de Paris, dans la rumeur grandissante
Où je reconnais les cauchemars paniques de l'ennemi,
Les cris de victoire de nos amis[2] et ceux des Français,
Les cris de souffrance de nos frères torturés par les Allemands d'Hitler.

Je suis le veilleur du Pont-au-Change
Ne veillant pas seulement cette nuit sur Paris,
Cette nuit de tempête sur Paris seulement dans sa fièvre et sa fatigue,
Mais sur le monde entier qui nous environne et nous presse.
Dans l'air froid tous les fracas de la guerre
Cheminent jusqu'à ce lieu où, depuis si longtemps, vivent les hommes.

Des cris, des chants, des râles, des fracas il en vient de partout,
Victoire, douleur et mort, ciel couleur de vin blanc et de thé,
Des quatre coins de l'horizon à travers les obstacles du globe,
Avec des parfums de vanille, de terre mouillée et de sang,

---

1. Trains emmenant les déportés dans les camps de concentration.
2. Pays alliés de la France (Angleterre, URSS, États-Unis).

D'eau salée, de poudre et de bûchers,
De baisers d'une géante inconnue enfonçant à chaque pas dans la terre grasse de chair humaine.

Je suis le veilleur du Pont-au-Change
Et je vous salue, au seuil du jour promis
Vous tous camarades de la rue de Flandre à la Poterne des Peupliers,
Du Point du Jour à la Porte-Dorée.

Je vous salue vous qui dormez
Après le dur travail clandestin,
Imprimeurs, porteurs de bombes, déboulonneurs de rails, incendiaires,
Distributeurs de tracts, contrebandiers, porteurs de messages[1],
Je vous salue vous tous qui résistez, enfants de vingt ans au sourire de source
Vieillards plus chenus[2] que les ponts, hommes robustes, images des saisons,
Je vous salue au seuil du nouveau matin.

Je vous salue sur les bords de la Tamise[3],
Camarades de toutes nations présents au rendez-vous,
Dans la vieille capitale anglaise,
Dans le vieux Londres et la vieille Bretagne,
Américains de toutes races et de tous drapeaux,
Au-delà des espaces atlantiques,
Du Canada au Mexique, du Brésil à Cuba,
Camarades de Rio, de Tehuantepec, de New York et San Francisco.

---

1. Robert Desnos énumère ici les activités clandestines des résistants.
2. Chenus : marqués par l'âge.
3. La Tamise : fleuve londonien. Une grande partie des Alliés, qui préparaient le débarquement, étaient en Angleterre.

J'ai donné rendez-vous à toute la terre sur le Pont-au-Change,
Veillant et luttant comme vous. Tout à l'heure,
Prévenu par son pas lourd sur le pavé sonore,
Moi aussi j'ai abattu mon ennemi.

Il est mort dans le ruisseau, l'Allemand d'Hitler anonyme et haï,
La face souillée de boue, la mémoire déjà pourrissante,
Tandis que, déjà, j'écoutais vos voix des quatre saisons,
Amis, amis et frères des nations amies.

[…]

«Le veilleur du Pont-au-Change» [1944, sous le pseudonyme de Valentin Guillois], repris dans *Destinée arbitraire*, Gallimard, «Poésie», 1975.

RENÉ CHAR

René Char (1907-1988), pleinement investi dans le mouvement surréaliste dans les années 1930, décide de délaisser la plume pour les armes pendant la Seconde Guerre mondiale. Il devient responsable d'une section de la Résistance et rejoint le maquis. Entre 1943 et 1944, il consigne des notes dans un carnet où il témoigne de son engagement. Ces textes ne seront publiés qu'après la guerre.

9. Fragments 30, 114 et 128 des *Feuillets d'Hypnos*

***Feuillets d'Hypnos*, publié en 1946, rassemble des notes éparses que René Char avait écrites pendant la guerre. Le poète alterne entre confidences personnelles (fragment 30), aphorismes (fragment 114), et récits plus développés (fragment 128). Ces textes en prose conservent tous une dimension poétique. Dans le fragment 128, René Char évoque un moment fort de sa vie de résistant : les Allemands, à sa recherche, torturent un jeune homme pour le forcer à révéler sa cachette.**

30

Archiduc[1] me confie qu'il a découvert sa vérité quand il a épousé la Résistance. Jusque-là il était un acteur de sa vie frondeur[2] et soupçonneux. L'insincérité l'empoisonnait. Une tristesse stérile peu à peu le recouvrait. Aujourd'hui *il aime*, il se dépense, il est engagé, il va nu, il provoque. J'apprécie beaucoup cet alchimiste[3].

114

Je n'écrirai pas de poème d'acquiescement[4].

1. **Archiduc** : nom de code d'un résistant.
2. **Frondeur** : provocateur, qui aime la contradiction.
3. **Alchimiste** : personne capable de transformer un métal quelconque en or.
4. **Acquiescement** : consentement, approbation.

128

Le boulanger n'avait pas encore dégrafé les rideaux de fer de sa boutique que déjà le village était assiégé, bâillonné, hypnotisé, mis dans l'impossibilité de bouger. Deux compagnies de SS et un détachement de miliciens[1] le tenaient sous la gueule de leurs mitrailleuses et de leurs mortiers. Alors commença l'épreuve.

Les habitants furent jetés hors des maisons et sommés de se rassembler sur la place centrale. Les clés sur les portes. Un vieux, dur d'oreille, qui ne tenait pas compte assez vite de l'ordre, vit les quatre murs et le toit de sa grange voler en morceaux sous l'effet d'une bombe. Depuis quatre heures j'étais éveillé. Marcelle était venue à mon volet me chuchoter l'alerte. J'avais reconnu immédiatement l'inutilité d'essayer de franchir le cordon de surveillance et de gagner la campagne. Je changeai rapidement de logis. La maison inhabitée où je me réfugiai autorisait, à toute extrémité, une résistance armée efficace. Je pouvais suivre de la fenêtre, derrière les rideaux jaunis, les allées et venues nerveuses des occupants. Pas un des miens[2] n'était présent au village. Cette pensée me rassura. À quelques kilomètres de là, ils suivraient mes consignes et resteraient tapis. Des coups me parvenaient, ponctués d'injures. Les SS avaient surpris un jeune maçon qui revenait de relever des collets[3]. Sa frayeur le désigna à leurs tortures. Une voix se penchait hurlante sur le corps tuméfié[4] : « Où est-il ? Conduis-nous », suivie de silence. Et coups de pied et coups de crosse de pleuvoir. Une rage insensée s'empara de moi, chassa mon angoisse. Mes mains communiquaient à mon arme leur sueur crispée, exaltaient sa puissance contenue. Je calculais que le malheureux se tairait encore cinq minutes, puis, fatalement, il *parlerait*. J'eus honte de souhaiter sa mort avant

1. **Miliciens** : la Milice est une organisation fondée par le gouvernement de Vichy. Aux côtés de la Gestapo, elle soutient les actions nazies.
2. René Char évoque les membres de la section de la Résistance qu'il dirige.
3. **Collets** : pièges pour attraper du gibier.
4. **Tuméfié** : enflé par les coups.

cette échéance. Alors apparut jaillissant de chaque rue la marée des femmes, des enfants, des vieillards, se rendant au lieu de rassemblement, suivant un *plan concerté*. Ils se hâtaient sans hâte, ruisselant littéralement sur les SS, les paralysant « en toute bonne foi ». Le maçon fut laissé pour mort. Furieuse, la patrouille se fraya un chemin à travers la foule et porta ses pas plus loin. Avec une prudence infinie, maintenant des yeux anxieux et bons regardaient dans ma direction, passaient comme un jet de lampe sur ma fenêtre. Je me découvris à moitié et un sourire se détacha de ma pâleur. Je tenais à ces êtres par mille fils confiants dont pas un ne devait se rompre.

J'ai aimé farouchement mes semblables cette journée-là, bien au-delà du sacrifice.

Feuillets d'Hypnos [1946], Gallimard, « Folioplus classiques », 2007.

LOUIS ARAGON

Après des études de médecine, Louis Aragon (1897-1982) se tourne vers l'écriture et devient romancier et poète. Il est très engagé politiquement : communiste convaincu, il défend les républicains lors de la guerre d'Espagne et s'implique dans la Résistance lors de la Seconde Guerre mondiale.

10. La Nuit de Mai[1]

Dans le poème suivant, Louis Aragon évoque la déroute de l'armée française en mai 1940 face à l'armée allemande. Il montre que les deux conflits mondiaux se font écho dans la mémoire collective.

Les spectres évitaient la route où j'ai passé
Mais la brume des champs trahissait leur haleine
La nuit se fit légère au-dessus de la plaine
Quand nous eûmes laissé les murs de La Bassée[2]

Un feu de ferme flambe au fond de ce désert
Aux herbes des fossés s'accroupit le silence
Un aéro dit son rosaire et te balance
Une fusée au-dessus d'Ablain Saint-Nazaire

Les spectres égarés brouillent leurs propres traces
Les pas cent fois refaits harassent leur raison
Des panaches de peur montent à l'horizon
Sur les maisons d'Arras[3] en proie aux chars Arras

---

1. Allusion à un poème de Musset (1810-1857) qui porte le même titre.
2. La Bassée : ville du nord de la France.
3. Arras : ville du nord de la France.

Interférences des deux guerres je vous vois
Voici la nécropole[1] et voici la colline
Ici la nuit s'ajoute à la nuit orpheline
Aux ombres d'aujourd'hui les ombres d'autrefois

Nous qui rêvions si bien dans l'herbe sans couronnes
La terre un trou la date et le nom sans ci-gît
Va-t-il falloir renaître à vos mythologies
On n'entend plus pourtant grincer les cicerones

Ô revenants bleus de Vimy[2] vingt ans après
Morts à demi Je suis le chemin d'aube hélice
Qui tourne autour de l'obélisque et je me risque
Où vous errez Malendormis Malenterrés

Panorama du souvenir Assez souffert
Ah c'est fini Repos Qui de vous cria Non
Au bruit retrouvé du canon Faux Trianon[3]
D'un vrai calvaire à blanches croix et tapis vert

Les vivants et les morts se ressemblent s'ils tremblent
Les vivants sont des morts qui dorment dans leurs lits
Cette nuit les vivants sont désensevelis
Et les morts réveillés tremblent et leur ressemblent

A-t-il fait nuit si parfaitement nuit jamais
Où sont partis Musset ta Muse et tes hantises[4]
Il flotte quelque part un parfum de cytises[5]
C'est mil neuf cent quarante et c'est la nuit de Mai

Les Yeux d'Elsa [1942], Seghers, 2002.

1. **Nécropole** : grand cimetière.
2. **Vimy** : ville du nord de la France.
3. **Trianon** : traité de paix signé au lendemain de la Première Guerre mondiale.
4. Dans « La Nuit de Mai » de Musset, le poète est en proie à un mal-être intérieur. Aragon souligne ici que le temps des problèmes individuels est passé, la guerre imposant à tous des préoccupations d'un autre ordre.
5. **Cytises** : arbustes à fleurs jaunes.

11. Plus belle que les larmes

En 1942, Louis Aragon revient sur les poèmes qu'il a écrits depuis le début de la guerre, et se justifie face à ses détracteurs : il refuse d'oublier le désastre de la guerre et chante son amour pour son pays dans une France divisée entre zone libre et zone occupée.

À nos frères canadiens.
1945[1].

J'empêche en respirant certaines gens de vivre
Je trouble leur sommeil d'on ne sait quel remords
Il paraît qu'en rimant je débouche les cuivres
Et que ça fait un bruit à réveiller les morts

Ah si l'écho des chars dans mes vers vous dérange
S'il grince dans mes cieux d'étranges cris d'essieu
C'est qu'à l'orgue l'orage a détruit la voix d'ange
Et que je me souviens de Dunkerque[2] Messieurs

C'est de très mauvais goût j'en conviens Mais qu'y faire
Nous sommes quelques-uns de ce mauvais goût-là
Qui gardons un reflet des flammes de l'enfer
Que le faro du Nord[3] à tout jamais saoula

Quand je parle d'amour mon amour vous irrite
Si j'écris qu'il fait beau vous me criez qu'il pleut
Vous dites que mes prés ont trop de marguerites
Trop d'étoiles ma nuit trop de bleu mon ciel bleu

---

1. Allusion à la participation des Canadiens au débarquement en Normandie en 1944. Cette dédicace a été ajoutée après l'écriture du poème.

2. Dunkerque : les Français et les Anglais ont été encerclés à Dunkerque par l'armée allemande en 1940.

3. Le faro du Nord : bière belge. Louis Aragon évoque en fait ses souvenirs de la débâcle, en 1940, dans le nord.

Comme le carabin[1] scrute le cœur qu'il ouvre
Vous cherchez dans mes mots la paille de l'émoi
N'ai-je pas tout perdu le Pont-Neuf et le Louvre[2]
Et ce n'est pas assez pour vous venger de moi

Vous pouvez condamner un poète au silence
Et faire d'un oiseau du ciel un galérien
Mais pour lui refuser le droit d'aimer la France
Il vous faudrait savoir que vous n'y pouvez rien

[…]

Les Yeux d'Elsa [1942], Seghers, 2002.

1. **Carabin** : étudiant en médecine.
2. **Le Pont-Neuf, le Louvre** : monuments parisiens. Allusion au Paris occupé par l'armée allemande.

12. La rose et le réséda[1]

Ce poème, dédié à des résistants fusillés pendant la Seconde Guerre mondiale, est un hommage à la Résistance, et constitue un appel à l'union entre les communistes et les catholiques, qui se battent tous pour une même cause : la libération de la France. Pour déjouer la censure, Louis Aragon a utilisé un langage imagé qu'il convient de décoder.

À Gabriel Péri et d'Estienne d'Orves
comme à Guy Môquet et Gilbert Dru.

Celui qui croyait au ciel
Celui qui n'y croyait pas
Tous deux adoraient la belle
Prisonnière des soldats[2]
Lequel montait à l'échelle
Et lequel guettait en bas
Celui qui croyait au ciel
Celui qui n'y croyait pas
Qu'importe comment s'appelle
Cette clarté sur leur pas
Que l'un fût de la chapelle
Et l'autre s'y dérobât
Celui qui croyait au ciel
Celui qui n'y croyait pas
Tous les deux étaient fidèles
Des lèvres du cœur des bras
Et tous les deux disaient qu'elle
Vive et qui vivra verra
Celui qui croyait au ciel
Celui qui n'y croyait pas
Quand les blés sont sous la grêle

---

1. La rose rouge et le réséda blanc symbolisent les couleurs des communistes et des monarchistes catholiques.
2. **La belle prisonnière des soldats** : la France occupée par les Allemands.

Fou qui fait le délicat
Fou qui songe à ses querelles
Au cœur du commun combat
Celui qui croyait au ciel
Celui qui n'y croyait pas
Du haut de la citadelle
La sentinelle tira
Par deux fois et l'un chancelle
L'autre tombe qui mourra
Celui qui croyait au ciel
Celui qui n'y croyait pas
Ils sont en prison Lequel
A le plus triste grabat[1]
Lequel plus que l'autre gèle
Lequel préfèrent les rats
Celui qui croyait au ciel
Celui qui n'y croyait pas
Un rebelle est un rebelle
Nos sanglots font un seul glas
Et quand vient l'aube cruelle
Passent de vie à trépas[2]
Celui qui croyait au ciel
Celui qui n'y croyait pas
Répétant le nom de celle
Qu'aucun des deux ne trompa
Et leur sang rouge ruisselle
Même couleur même éclat
Celui qui croyait au ciel
Celui qui n'y croyait pas
Il coule il coule et se mêle
À la terre qu'il aima
Pour qu'à la saison nouvelle

---

1. **Grabat** : lit misérable.
2. **Trépas** : mort.

Mûrisse un raisin muscat
Celui qui croyait au ciel
Celui qui n'y croyait pas
L'un court et l'autre a des ailes
De Bretagne ou du Jura
Et framboise ou mirabelle
Le grillon rechantera
Dites flûte ou violoncelle
Le double amour qui brûla
L'alouette et l'hirondelle
La rose et le réséda

La Diane française [1944], Seghers, 2006.

13. Ballade de celui qui chanta dans les supplices

Ce poème rend hommage à Gabriel Péri, membre du Comité central du parti communiste français et journaliste à *L'Humanité*, héros de la Résistance qui fut arrêté et fusillé par les Allemands le 15 décembre 1941. Louis Aragon utilise très librement la forme de la ballade, en faisant alterner couplets et refrain.

Et s'il était à refaire
Je referais ce chemin
Une voix monte des fers
Et parle des lendemains

On dit que dans sa cellule
Deux hommes cette nuit-là
Lui murmuraient Capitule[1]
De cette vie es-tu las

1. **Capitule** : rends-toi à l'ennemi, déclare-toi vaincu.

Tu peux vivre tu peux vivre
Tu peux vivre comme nous
Dis le mot qui te délivre
Et tu peux vivre à genoux

Et s'il était à refaire
Je referais ce chemin
La voix qui monte des fers
Parle pour les lendemains

Rien qu'un mot la porte cède
S'ouvre et tu sors Rien qu'un mot
Le bourreau se dépossède
Sésame[1] Finis tes maux

Rien qu'un mot rien qu'un mensonge
Pour transformer ton destin
Songe songe songe songe
À la douceur des matins

Et si c'était à refaire
Je referais ce chemin
La voix qui monte des fers
Parle aux hommes de demain

J'ai dit tout ce qu'on peut dire
L'exemple du Roi Henri
Un cheval pour mon empire
Une messe pour Paris[2]

---

1. **Sésame** : mot magique dans *Les Mille et Une Nuits*. Ici, c'est la soumission à l'ennemi, contre laquelle on promet au prisonnier la vie sauve.
2. Allusion à Henri IV, qui accepta de se convertir au catholicisme pour devenir roi de France. Cet épisode historique devient ici symbole de compromission.

Rien à faire Alors qu'ils partent
Sur lui retombe son sang
C'était son unique carte
Périsse cet innocent

Et si c'était à refaire
Referait-il ce chemin
La voix qui monte des fers
Dit Je le ferai demain

Je meurs et France demeure
Mon amour et mon refus
Ô mes amis si je meurs
Vous saurez pour quoi ce fut

Ils sont venus pour le prendre
Ils parlent en allemand
L'un traduit Veux-tu te rendre
Il répète calmement

Et si c'était à refaire
Je referais ce chemin
Sous vos coups chargés de fers
Que chantent les lendemains

Il chantait lui sous les balles
Des mots *sanglant est levé*[1]
D'une seconde rafale
Il a fallu l'achever

1. Fragment de *La Marseillaise*, hymne national français.

Une autre chanson française
À ses lèvres est montée[1]
Finissant *La Marseillaise*
Pour toute l'humanité

« Ballade de celui qui chanta dans les supplices »
[1943, sous le pseudonyme de Jacques Destaing],
repris dans *La Diane française* [1944], Seghers, 2006.

14. Strophes pour se souvenir

Dans ce poème écrit après la guerre, Aragon rend hommage aux vingt-trois membres du groupe Manouchian, composé de communistes d'Europe de l'Est, exécutés en février 1944 par les Allemands. La propagande allemande anti-communiste avait placardé une affiche rouge, décrivant ainsi le chef du groupe : « Arménien, chef de bande, 56 attentats, 150 morts, 6000 blessés ». Il deviendra pourtant un emblème contre la barbarie nazie. « Strophes pour se souvenir » s'inspire de la dernière lettre de Missak Manouchian à son épouse Mélinée, dont certains passages sont reproduits en italique. En 1959, Léo Ferré met en musique ce poème et le chante sous le titre de *L'Affiche rouge*.

Vous n'avez réclamé la gloire ni les larmes
Ni l'orgue ni la prière aux agonisants[2]
Onze ans déjà que cela passe vite onze ans
Vous vous étiez servi simplement de vos armes
La mort n'éblouit pas les yeux des Partisans[3]

---

1. Allusion à *L'Internationale*, chant révolutionnaire, symbole du communisme. Au départ, le texte était destiné à être chanté sur l'air de *La Marseillaise*.
2. **Agonisants** : ceux qui sont en train de mourir.
3. **Partisans** : membres du parti communiste, qui sont les premiers à rejoindre la Résistance.

Vous aviez vos portraits sur les murs de nos villes[1]
Noirs de barbe et de nuit hirsutes menaçants
L'affiche qui semblait une tache de sang
Parce qu'à prononcer vos noms sont difficiles
Y cherchait un effet de peur sur les passants

Nul ne semblait vous voir Français de préférence
Les gens allaient sans yeux pour vous le jour durant
Mais à l'heure du couvre-feu des doigts errants
Avaient écrit sous vos photos MORTS POUR LA FRANCE
Et les mornes matins en étaient différents

Tout avait la couleur uniforme du givre
À la fin février pour vos derniers moments.
Et c'est alors que l'un de vous dit calmement
Bonheur à tous Bonheur à ceux qui vont survivre
Je meurs sans haine en moi pour le peuple allemand

Adieu la peine et le plaisir Adieu les roses
Adieu la vie adieu la lumière et le vent
Marie-toi sois heureuse et pense à moi souvent
Toi qui vas demeurer dans la beauté des choses
Quand tout sera fini plus tard en Erivan[2]

Un grand soleil d'hiver éclaire la colline
Que la nature est belle et que le cœur me fend
La justice viendra sur nos pas triomphants
Ma Mélinée ô mon amour mon orpheline
Et je te dis de vivre et d'avoir un enfant

---

1. Allusion à l'Affiche rouge au service de la propagande allemande. Voir image reproduite au début de l'ouvrage, au verso de la couverture.
2. Erivan : ville arménienne, dont est originaire Manouchian.

Ils étaient vingt et trois quand les fusils fleurirent
Vingt et trois qui donnaient leur cœur avant le temps
Vingt et trois étrangers et nos frères pourtant
Vingt et trois amoureux de vivre à en mourir
Vingt et trois qui criaient la France en s'abattant

1955.

Le Roman inachevé [1956], Gallimard, « Poésie », 1968.

Arrêt sur lecture 1

Un quiz pour commencer

Cochez les bonnes réponses.

❶ *Dans « Avis » (texte 1), quelles circonstances décrit Paul Éluard ?*

- ☒ L'annonce de la mort d'un ami.
- ❐ La déportation d'un juif.
- ☒ La dernière nuit d'un résistant avant son exécution.

❷ *Dans « Courage » (texte 2) et « Bêtes et méchants » (texte 3), quel aspect de la Seconde Guerre mondiale Paul Éluard évoque-t-il ?*

- ☒ L'Occupation allemande.
- ❐ Le gouvernement de Vichy.
- ❐ Le débarquement des Alliés.

❸ *Dans « Couplets de la rue Saint-Martin » (texte 6), pourquoi André Platard a-t-il quitté la rue Saint-Martin ?*

- ❐ Il a fui pour échapper aux Allemands.
- ☒ Il a été arrêté.
- ❐ Il est parti en Angleterre rejoindre le général de Gaulle.

❹ *Dans « Ce cœur qui haïssait la guerre... » (texte 7), quelle cause défend Robert Desnos ?*

❒ Le pacifisme.

❒ L'égalité des peuples.

☒ La Résistance.

❺ *Dans le fragment 128 des* Feuillets d'Hypnos *(texte 9), qu'arrive-t-il au jeune maçon torturé par les SS ?*

☒ Il meurt sans dénoncer René Char.

☒ Il est sauvé par des villageois qui contraignent les SS à le laisser pour mort.

❒ Il réussit à échapper aux SS.

❻ *Quel est le sujet de « La Nuit de Mai » de Louis Aragon (texte 10) ?*

❒ Une déclaration d'amour.

❒ La victoire de l'armée française en 1940.

☒ La déroute de l'armée française en 1940.

❼ *Dans « Plus belle que les larmes » (texte 11), que revendique Louis Aragon ?*

☒ Le droit d'aimer la France.

❒ Le droit d'aimer les marguerites.

❒ Le droit d'aimer Elsa, sa femme.

❽ *Dans « Ballade de celui qui chanta dans les supplices » (texte 13), que nous apprend Louis Aragon à propos de Gabriel Péri ?*

❒ Il a pu s'échapper de prison.

❒ Il a cédé au chantage des Allemands pour avoir la vie sauve.

☒ Il est mort en chantant *La Marseillaise*.

Des questions pour aller plus loin

☛ Saisir la valeur de témoignage des poèmes de la Résistance

Des poètes en guerre

❶ Dans les différents poèmes de la première partie de l'anthologie, quels aspects de la Seconde Guerre mondiale sont évoqués ?
❷ Identifiez les textes qui ont été publiés sous des pseudonymes. Pourquoi les auteurs ont-ils fait ce choix ?
❸ Relisez « Courage » (texte 2) de Paul Éluard et « Ce cœur qui haïssait la guerre… » de Robert Desnos (texte 7). Quels messages les poètes délivrent-ils dans ces deux textes ?
❹ Dans « Le veilleur du Pont-au-Change » de Robert Desnos (texte 8) et les fragments de *Feuillets d'Hypnos* de René Char (texte 9), relevez les termes et expressions décrivant l'activité des résistants. Montrez que leur vie quotidienne est dominée par l'incertitude et la peur.
❺ En vous appuyant sur les marques d'énonciation (pronoms personnels, déterminants, temps verbaux), montrez que, dans de nombreux poèmes, les auteurs s'impliquent personnellement dans la Résistance.

Des messages d'amour et d'espoir

❻ En vous appuyant sur les textes 1, 7, 8 et 9, étudiez comment les poètes mettent en valeur la force du groupe chez les résistants.
❼ Dans « Avis » (texte 1), « La rose et le réséda » (texte 12), « Ballade de celui qui chanta dans les supplices » (texte 13) et « Strophes pour se souvenir » (texte 14), comment le poète construit-il des figures de héros ? En quoi ces textes constituent-ils des messages d'espoir ?

❽ Dans « Couvre-feu » (texte 5), « Couplets de la rue Saint-Martin » (texte 6) et « Strophes pour se souvenir » (texte 14), étudiez la place qu'occupent les sentiments personnels dans le combat des résistants.

Des formes d'expression variées

❾ Relevez les poèmes écrits en vers réguliers. Pour chacun d'eux, donnez l'auteur et le type de vers utilisé.
❿ Les fragments de *Feuillets d'Hypnos* de René Char (texte 9) ne sont pas écrits en vers. Pourquoi peut-on dire qu'il s'agit d'un texte poétique ?
⓫ En quoi « Couplets de la rue Saint-Martin » (texte 6), « La rose et le réséda » (texte 12) et « Ballade de celui qui chanta dans les supplices » (texte 13) s'apparentent-ils à des chansons ? À votre avis, pourquoi les poètes ont-ils choisi cette forme d'expression ?
⓬ Dans « Strophes pour se souvenir » (texte 14), à qui le poète donne-t-il la parole ? Quelle est la fonction de cette intervention ?

Zoom sur « Ce cœur qui haïssait la guerre... » de Robert Desnos (texte 7)

⓭ Relevez les antithèses sur lesquelles sont fondés les six premiers vers. Qu'en déduisez-vous sur l'état d'esprit du poète ?
⓮ Que désigne le mot « cœur » (v. 1-2) ? Qui sont les « millions d'autres cœurs » (v. 8) ? Identifiez la figure de style employée.
⓯ Analysez les sonorités du premier vers et relevez les répétitions du verbe « battre ». Quel est l'effet produit ?
⓰ Quelle est la « besogne » évoquée dans les vers 9 et 15 ? Quel est le but poursuivi ?
⓱ Comparez le début et la fin du poème. Comment le poète résout-il ses contradictions ?

Rappelez-vous !
La Seconde Guerre mondiale fut une période d'intense activité littéraire. Les poètes de la Résistance utilisent des formes d'expression variées pour toucher un large public, aussi bien intellectuel que populaire : poésie traditionnelle en vers réguliers, poésie moderne en vers libres ou en prose, textes s'apparentant à des chansons... Pour échapper à la censure, ils composent des textes dont le sens est codé, publient leurs poèmes dans des revues clandestines et utilisent souvent des pseudonymes.

De la lecture à l'écriture

Des mots pour mieux écrire

❶ ***Pour chacun des mots suivants, donnez sa définition et deux mots de la même famille :*** résistant, venger, liberté, combattre, espion.

❷ ***Faites correspondre un mot de la liste A avec son synonyme de la liste B :***

Liste A : émeute, clandestin, assaut, capituler, besogne, délivrance
Liste B : attaque, libération, se rendre, tâche, secret, révolte

À vous d'écrire

❶ Résistant pendant la Seconde Guerre mondiale, vous écrivez une lettre à un membre de votre groupe pour faire passer une information importante sans être démasqué.
Consigne. Vous respecterez les codes de présentation d'une lettre. Vous soulignerez les mots à double sens et proposerez un « décodage » à la fin de votre devoir.

❷ Comme Louis Aragon dans « Ballade de celui qui chanta dans les supplices » et « Strophes pour se souvenir », rédigez un texte en hommage à quelqu'un qui s'est sacrifié pour ses idées.
Consigne. Votre texte pourra être en vers ou en prose. La situation dans laquelle cette personne s'est illustrée devra être clairement identifiable, qu'il s'agisse d'une personnalité historique ou d'un anonyme.

Du texte à l'image

➡ Fernand Léger, illustration du poème « Liberté » de Paul Éluard (1953).
***L'Affiche rouge*, affiche de propagande allemande (1944).**
(Images reproduites en début d'ouvrage, au verso de la couverture.)

Lire l'image

❶ Décrivez précisément ces deux images (format, composition, couleur, message).
❷ Identifiez les éléments qui permettent de dire que *L'Affiche rouge* est une affiche de propagande.

Comparer le texte et l'image

❸ En quoi selon vous le dessin de Fernand Léger illustre-t-il le poème de Paul Éluard ?

❹ Comparez *L'Affiche Rouge* et « Strophes pour se souvenir » de Louis Aragon en montrant que ce document et ce poème présentent deux visions opposées d'un même événement.

À vous de créer

❺ Écrivez un billet de quelques lignes dans lequel Paul Éluard remercie Fernand Léger pour son travail. Le poète explique au peintre en quoi cette illustration lui a plu.

❻ À votre tour, créez une affiche autour de l'affaire Manouchian, mais dans laquelle vous exprimerez le point de vue de Louis Aragon.

S'ENGAGER DANS LE MONDE AU XXe SIÈCLE

ANNA AKHMATOVA

Anna Akhmatova (1889-1966) est une poétesse russe qui publie très jeune des textes lyriques. Après la révolution russe (1917), elle voit son œuvre interdite par le pouvoir car elle ne sert pas la propagande du régime communiste. Refusant de s'exiler, Anna Akhmatova compose des poèmes qui ne seront publiés qu'à la mort de Staline (1953).

1. Requiem[1]

Cet ensemble de poèmes est écrit au moment de l'arrestation puis de la déportation du fils d'Anna Akhmatova. Ce recueil est dédié aux femmes qui, comme elle, ont eu un proche victime de la terreur stalinienne. Pendant longtemps, ce texte très subversif n'a pas été fixé sur le papier, mais simplement mémorisé. Certains passages isolés, sortis de leur contexte, ont ensuite été rendus publics. L'œuvre intégrale est longtemps restée taboue en URSS.

Non, je n'étais pas sous un autre ciel,
Protégée sous une aile étrangère ;
J'étais alors avec mon peuple,
Là où il était pour son malheur.

Avant-propos

Dans les terribles années de la tyrannie de Iéjov[2], j'ai passé dix-sept mois à faire la queue devant la prison à Léningrad[3]. Une fois, quelqu'un m'a « identifiée ». Alors la femme aux lèvres

1. **Requiem** : prière pour les morts.
2. **Iéjov** : directeur du NKVD (commissariat du peuple aux affaires intérieures) de 1936 à 1938.
3. **Léningrad** : nom donné à la ville russe Saint-Pétersbourg en l'honneur de Lénine, de 1924 à 1991.

bleues qui était derrière moi – elle n'avait évidemment jamais entendu mon nom – s'est réveillée de cette torpeur[1] qui nous était propre à toutes et m'a demandé à l'oreille (là tout le monde parlait en chuchotant) :

– Et cela, vous pouvez le décrire ?

Et j'ai dit :

– Je peux.

Alors quelque chose comme un sourire est passé sur ce qui autrefois avait été son visage.

1er avril 1957
Léningrad.

Introduction

C'était le temps où le seul à sourire
Était le mort, heureux d'être en repos.
Léningrad n'était plus qu'une annexe inutile[2]
Attachée à ses prisons.
Rendus fous par les supplices,
Les condamnés avançaient en rangs
Et les sifflets des locomotives
Chantaient la brève chanson de l'adieu[3].
Des étoiles de mort brillaient dans notre ciel.
L'innocente Russie se tordait de douleur,
Sous les bottes sanglantes,
Sous les pneus des fourgons noirs.

---

1. **Torpeur** : engourdissement.
2. Léningrad est la capitale de la Russie jusqu'à ce que le pouvoir soviétique s'installe à Moscou en 1918.
3. Départ des trains de prisonniers vers les camps de travail de Sibérie (goulags).

1

Ils t'ont emmené à l'aurore.
Je t'ai suivi comme on suit un cercueil.
Les enfants pleuraient dans la chambre sombre.
La cire du cierge coulait.
Sur tes lèvres le froid de l'icône[1].
La sueur de la mort sur le front…
Ne rien oublier !
Comme les femmes des Archers
Je hurlerai sous les murs du Kremlin[2].

1935.

5

Voilà dix-sept mois que je crie,
Que je t'appelle pour que tu reviennes.
Je me suis jetée aux pieds des bourreaux,
Tu es mon fils et mon effroi.
Tout est bouleversé pour des siècles.
Ce n'est pas moi maintenant qui vais savoir
Ce qui est bête brute, ce qui est être humain,
Et si nous attendrons longtemps l'exécution.
Il n'y a plus que des fleurs somptueuses,
Le cliquetis des encensoirs[3], et des traces
Qui mènent quelque part vers nulle part.
Elle me regarde droit dans les yeux,
Elle me promet pour bientôt la mort,
Cette étoile énorme.

1939.

Requiem, Poème sans héros et autres poèmes [1939],
trad. du russe par Jean-Louis Backès, Gallimard, « Poésie », 2007.

---

1. **Icône** : image religieuse.
2. **Kremlin** : siège du gouvernement russe.
3. **Encensoirs** : ustensiles pour propager l'encens dans une cérémonie religieuse.

FEDERICO GARCÍA LORCA

Federico García Lorca (1898-1936) est à la fois poète, dramaturge, peintre et compositeur. Ayant très tôt embrassé la cause républicaine, il est fusillé au tout début de la guerre civile espagnole par des partisans du général Franco. Son œuvre est interdite en Espagne jusqu'en 1953.

2. Romance de la Garde civile espagnole

Dans ce poème narratif extrait du recueil *Romancero gitan*, Federico García Lorca dénonce les abus de la Garde civile espagnole (force de police ayant un statut militaire), à travers le saccage de la ville de Jerez au sud de l'Espagne, et marque sa tendresse pour le peuple gitan opprimé par l'autorité.

À Juan Guerrero[1],
consul général de la Poésie.

Ils montent de noirs chevaux
dont les ferrures[2] sont noires.
Des taches d'encre et de cire
luisent le long de leurs capes.
S'ils ne pleurent, c'est qu'ils ont
du plomb au lieu de cervelle
et une âme en cuir vernis.
Par la chaussée ils s'en viennent.
Groupe bossu et nocturne,
sur leur passage ils font naître
d'obscurs silences de gomme
et des peurs de sable fin.
Ils vont par où bon leur semble,

---

1. **Juan Guerrero** (1893-1955) : écrivain espagnol.
2. **Ferrures** : pièces métalliques placées sous les sabots des chevaux.

cachant au creux de leur tête
une vague astronomie
de pistolets irréels.

*

Ô la ville de gitans !
Aux coins de rues, des bannières.
La lune et la calebasse
et la cerise en conserve.
Ô la ville des gitans,
qui jamais peut t'oublier ?
Ville de douleur musquée[1]
avec tes tours de cannelle.

*

Comme descendait la nuit,
la nuit la nuit tout entière,
les gitans à leurs enclumes
forgeaient flèches et soleils.
Un cheval ensanglanté
frappait aux portes muettes.
Des coqs de verre chantaient
à Jerez de la Frontière.
À l'angle de la surprise
le vent nu tourne soudain
dans la nuit d'argent de nuit,
la nuit la nuit tout entière.

1. **Musquée** : qui a l'odeur du musc (parfum).

*

La Vierge et saint Joseph
ont perdu leurs castagnettes.
Ils vont prier les gitans
de se mettre à leur recherche.
La Vierge avance habillée
d'un costume d'alcaldesse[1]
en papier de chocolat
et colliers d'amandes vertes.
Saint Joseph remue les bras
sous sa cape de satin.
Vient après Pedro Domecq
avec trois sultans de Perse.
La demi-lune songeait
dans une extase d'aigrette[2].
Les terrasses s'emplissaient
d'étendards et de lanternes.
Et des danseuses sans hanches
à leurs miroirs sanglotaient.
L'eau et l'ombre, l'ombre et l'eau
à Jerez de la Frontière.

*

Ô la ville des gitans !
Aux coins de rues, des bannières.
Voici la Garde civile.
Éteins tes vertes lumières.

1. **Alcaldesse** : féminin d'alcade, juge espagnol.
2. **Aigrette** : bijou dont la forme rappelle le croissant de lune.

Ô la ville des gitans !
Qui jamais peut t'oublier ?
Laissez-la loin de la mer
avec ses cheveux sans peigne.

*

Ils avancent deux par deux
vers la ville de la fête.
Une rumeur d'immortelles
envahit les cartouchières[1].
Ils avancent deux par deux.
Double nocturne de fond.
Le ciel pour leur fantaisie
n'est qu'un bazar d'éperons.

*

La ville multipliait
ses portes, libre de crainte.
Quarante gardes civils
pour la piller y pénètrent.
Les horloges s'arrêtèrent
et le cognac des bouteilles
se camoufla en novembre
pour que nul ne le suspecte.
Une volée de longs cris
s'éleva des girouettes.
Les sabres fendent les brises
que les lourds sabots renversent.

1. **Cartouchières** : ceintures destinées au rangement des cartouches.

Par des chemins de pénombre
s'enfuient les gitanes vieilles
avec leurs chevaux dormants
et leurs jarres de piécettes.
Au haut des rues escarpées
grimpent les capes funèbres,
faisant reluire fugaces[1]
des moulinets derrière elles.

Les gitans se réfugient
au portail de Bethléem[2].
Saint Joseph, couvert de plaies,
enterre une jouvencelle[3].
Des fusils perçants résonnent,
toute la nuit, obstinés.
La Vierge applique aux enfants
de la salive d'étoiles.
Pourtant la Garde civile
avance en semant des flammes
dans lesquelles, jeune et nue,
l'imagination s'embrase.
Rosa, fille des Camborios,
gémit, assise à sa porte,
devant ses deux seins coupés
et posés sur un plateau.
Et d'autres filles couraient,
poursuivies par leurs tresses,
dans un air où éclataient
des roses de poudre noire.

---

1. **Fugaces** : qui ne durent pas.
2. **Portail de Bethléem** : portail d'une église dont la sculpture représente la naissance de Jésus à Bethléem.
3. **Jouvencelle** : adolescente.

Lorsque toutes les terrasses
furent des sillons en terre,
l'aube ondula les épaules
en un long profil de pierre.

*

Ô la ville des gitans !
Les gardes civils se perdent
dans un tunnel de silence
tandis que les feux t'encerclent.

Ô la ville des gitans !
Comment perdre ta mémoire ?
Qu'on te cherche dans mon front.
Jeu de lune, jeu de sable.

Poésie II [1954],
trad. de l'espagnol par André Belamich, Gallimard, « Poésie », 1966.

ANTONIO MACHADO

Antonio Machado (1875-1939), écrivain espagnol, se passionne très jeune pour la littérature. Il devient professeur de français, exerce le métier de comédien, puis se lance dans l'écriture de poèmes et de pièces de théâtre. Au moment de la guerre d'Espagne, il épouse la cause républicaine. Contraint à s'exiler en France, il y meurt, épuisé par plusieurs années de lutte.

3. Mort de Federico

Dans ce poème, Antonio Machado raconte la mort de Federico García Lorca et lui rend hommage. En dénonçant les conditions abominables de l'exécution de son ami, le poète donne à son texte une portée politique : pendant longtemps, les circonstances de la mort de García Lorca sont restées secrètes en Espagne.

On le vit cheminer entre les fusils
par une rue interminable,
sortir aux champs froids
avec encore les étoiles du premier matin.
Ils tuèrent Federico
quand la lumière apparaissait.
Le peloton de ses bourreaux
n'osa le regarder en face.
Tous fermèrent les yeux
et prièrent : que Dieu le sauve !
Mort, il est tombé, Federico,
avec du sang au front et du plomb aux entrailles.
Car le crime eut lieu à Grenade[1]
– savez-vous – pauvre Grenade. Dans sa Grenade.

---

1. **Grenade** : ville natale de Federico García Lorca, située au sud de l'Espagne.

On le vit cheminer seul avec Elle,
sans peur de la faux[1].
Déjà le soleil sur les tours, les marteaux
sur l'enclume[2], l'enclume, l'enclume des forges.
Federico parlait,
il courtisait la Mort. Et Elle l'écoutait :
« Hier, dans mes vers, ô ma compagne,
résonnait le coup de tes paumes desséchées.
Tu as donné la glace à mon chant, et le fil
à ma tragédie, de ta lame d'argent.
Je chanterai la chair que tu n'as pas,
les yeux qui te manquent,
tes cheveux que le vent secouait,
tes rouges lèvres tout humides de baisers.
Aujourd'hui comme hier, gitane, ô mort qui est mienne,
qu'il est bon d'aller seul à seule avec toi,
à travers l'air de Grenade, ma Grenade. »

On les vit cheminer…
Ciselez, amis,
de pierre et de songe au milieu de l'Alhambra[3]
un tombeau pour le poète !
Qu'une fontaine y pleure son eau
et dise éternellement :
le crime eut lieu à Grenade, dans sa Grenade.

Revue *Fontaine* n° 16, décembre 1941,
trad. de l'espagnol par Rolland Simon.

1. **Faux** : instrument servant à faucher les blés ; symbole de la mort.
2. **Enclume** : pièce métallique sur laquelle travaille le forgeron.
3. **Alhambra** : forteresse qui fut construite à Grenade pour les souverains arabes à l'époque où ils occupaient l'Andalousie.

PABLO NERUDA

Poète chilien, Pablo Neruda (1904-1973) est également un diplomate et un homme politique. Consul en Espagne à partir de 1935, il sympathise avec Federico García Lorca et adopte des positions républicaines. De retour au Chili, il devient membre du parti communiste en 1945. S'élevant contre la dictature de son pays, il est exilé.

4. Madrid 1936

Au début de la guerre d'Espagne en 1936, Pablo Neruda, alors consul à Madrid, est révoqué de son poste pour avoir pris parti pour les républicains. Il consacre alors un recueil à la défense du peuple espagnol, *L'Espagne au cœur*, dans lequel il s'insurge contre le coup d'État de Franco et fait l'éloge de la résistance républicaine.

Madrid seule et solennelle, juillet[1] t'a surprise avec ta joie
de ruche pauvre : claire était ta rue,
clair était ton rêve.
Un hoquet noir
de généraux, une vague
de soutanes[2] rageuses
déversa entre tes genoux
ses eaux bourbeuses, ses fleuves de graillon.

Avec les yeux encore blessés de rêve,
avec fusils et pierres, Madrid, à peine blessée,
tu t'es défendue. Tu courais
à travers les rues
laissant les sillons de ton sang glorieux,
réunissant et appelant avec une voix d'océan,

---

1. Le coup d'État de Franco a eu lieu au mois de juillet 1936.
2. **Soutanes** : vêtements portés par les prêtres. Désigne ici par métonymie les prêtres, dont certains soutiennent le régime de Franco.

avec un visage transformé pour toujours
par la lumière du sang, comme une montagne
vengeresse, comme une sifflante
étoile de couteaux.

Lorsque dans les ténébreuses garnisons, lorsque dans les sacristies[1]
de la trahison ton épée pénétra resplendissante,
iI n'y eut plus que ton silence d'aube, iI n'y eut plus
que ton pas de drapeaux,
et une honorable goutte de sang sur ton sourire.

Résidence sur la terre [1938],
trad. de l'espagnol par Guy Suarès, Gallimard, « Poésie », 1972.

5. Salut (1949)

En 1946, González Videla est élu président du Chili. Dans les mois qui suivent cette élection, Pablo Neruda comprend qu'il s'agit d'un dictateur. Il prononce un discours au Sénat intitulé *J'accuse* (titre emprunté à Zola) qui lui vaut l'exil jusqu'en 1952. C'est dans la clandestinité qu'il compose le recueil *Chant général*, dont est extrait ce poème qui évoque à la fois la nostalgie et l'amour de la patrie.

Bonne année, Chiliens, pour la patrie dans les ténèbres,
bonne année à tous, à chacun hormis un seul[2],
nous sommes si peu, bonne année, compatriotes, frères,
hommes, femmes, enfants, ma voix vole aujourd'hui
vers le Chili, vers vous, comme un oiseau aveugle
elle bat ta fenêtre, et t'appelle de loin.

---

1. **Sacristies** : lieux où les prêtres se préparent pour la messe.
2. Allusion au dictateur González Videla qui causa l'exil de Pablo Neruda.

Patrie, l'été couvre ton corps à la fois tendre et dur.
Les cimes d'où la neige est partie au galop
vers l'océan avec des lèvres turbulentes
sont là hautes et bleues comme un charbon du ciel.
Peut-être en cet instant portes-tu la tunique verte
de forêts et d'eau que j'adore, avec le blé à ta ceinture.
Près de la mer peut-être, mon amour, patrie marine, agites-tu
ton univers que le sable et les huîtres irisent.

Peut-être, oui, peut-être… Mais qui suis-je pour palper
de si loin ta nef, ton parfum ? Je suis un membre de ton corps :
un cercle
secret de bois couvert dans tes arbres,
une croissance muette comme ton soufre suave,
la cendre hurlante de ton âme souterraine.
Quand je t'ai quittée poursuivi, tout hérissé
de barbe et de besoin, sans linge, sans papier
pour écrire les mots qui sont ma vie, avec rien d'autre
qu'un petit sac, j'ai pris deux livres
et un tronçon d'épine à l'arbre frais coupé.
(Les livres : une géographie
et le Livre des Oiseaux du Chili.)

Toutes les nuits je lis ta description, tes fleuves :
ils guident mon sommeil, mon exil, ma frontière.
Je palpe tes trains, je caresse tes cheveux,
je m'attarde à penser à cette peau ferrugineuse[1]
de ta géographie, mes yeux se baissent
vers ta sphère lunaire de rides et de cratères,
et quand je dors mon silence va vers le Sud
dans tes tonnerres terminaux de sel désagrégé.

1. **Ferrugineuse** : qui contient du fer.

Quand je m'éveille (l'air a changé et la lumière,
les étoiles, la rue, la campagne) je tâte
ton tronçon rond qui m'accompagne et fut coupé
à Melipilla[1], de cette aubépine qu'on m'offrit.

Je regarde ton nom serti dans sa cuirasse,
âpre Chili, patrie, ô cœur d'écorce,
et je vois dans sa forme dure comme la terre les visages
aimés de ceux qui me tendirent leurs mains d'épines,
les hommes du désert, du nitrate et du cuivre.

Le cœur de cet arbre épineux
est un cercle aussi lisse qu'un métal poli,
ocre comme une tache de sang sec et dur
entourée par un arc-en-ciel de bois couleur de soufre,
alors touchant ce pur prodige des forêts
je revois les vrilles hostiles de ses fleurs
quand à travers de compactes guirlandes acérées
le parfum violent te libère de sa force.
Ainsi vies et odeurs de mon pays m'escortent,
elles vivent avec moi, elles allument en moi
leurs flambées obstinées, m'épuisant, renaissant.
En d'autres terres leurs regards percent mes vêtements,
elles me voient comme une lampe allant de par les rues,
comme un fanal[2] qui traverse les portes :
c'est ce glaive de feu donné par toi et que je garde,
comme l'épine, pure, puissante, irréductible.

Chant général [1950], trad. de l'espagnol par Claude Couffon,
Gallimard, « Poésie », 1984.

1. **Melipilla** : ville et région du Chili.
2. **Fanal** : lumière utilisée pour guider les navires.

Dans les textes 6 et 7, également extraits du *Chant général*, Pablo Neruda accuse les personnalités politiques de son temps et s'interroge sur son art: écrire sur des hommes qui seront oubliés demain fait-il partie des devoirs du poète?

6. Les menteurs

Aujourd'hui ils s'appellent Gajardo, Manuel Trucco,
Hernan Santa Cruz, Enrique Berstein,
German Vergara, ceux qui – premier acompte –
prétendent parler, patrie, en ton nom
sacré et te défendre alors qu'ils traînent
ton héritage de lion dans l'ordure.
Ces nains amassés comme des pilules
dans la pharmacie du renégat[1], ces souris
du budget, ces vermisseaux
du mensonge, ces usuriers
de notre force, cette piétaille mercenaire[2]
aux mains tendues
et aux langues de lapereaux calomniateurs,
ne sont pas ma patrie, je le déclare
à qui voudra m'entendre sur ces terres.
Ils ne sont pas les titans du salpêtre[3],
ils ne sont pas le sel du peuple transparent
ni les lentes mains qui érigent
le monument de notre agriculture,
ils ne sont rien, ils ne sont pas, ils mentent et ils raisonnent
pour continuer à rançonner sans exister.

Chant général [1950], trad. de l'espagnol par Claude Couffon,
Gallimard, « Poésie », 1984.

---

1. **Renégat** : personne qui renie ses idées ou sa patrie.
2. **Piétaille mercenaire** : soldats se battant uniquement pour leur profit.
3. **Salpêtre** : nitrate de sodium, qui constitue une importante ressource naturelle du Chili.

7. Je dirai leurs noms

J'écris, et ma main gauche me sermonne :
Pourquoi les nommes-tu ? Qui sont-ils ? Que signifient-ils ?
Tu devais les laisser à leur fange anonyme,
à l'hiver, à la boue où pissent les chevaux !
Mais ma main droite lui répond : Je suis née pour
tambouriner aux portes, pour brandir les coups,
pour éclairer dans leurs recoins les dernières ténèbres
où se nourrit l'araignée grosse de venin.
Oui, je dirai leurs noms, car ce doux privilège
que tu m'as octroyé[1], patrie, n'est pas celui de te nommer
à travers ta seule écume et tes giroflées[2],
patrie, tu ne m'as pas donné les mots pour prononcer
à ta gloire les seuls noms d'or, de pollen, de parfum,
pour répandre en semant les gouttes de rosée
qui tombent de ta noire et impérieuse chevelure :
tu m'as donné avec le lait et la chair les syllabes
qui devront désigner aussi ces vers livides
voyageant dans ton ventre
et qui traquent ton sang et saccagent ta vie.

Chant général [1950], trad. de l'espagnol par Claude Couffon,
Gallimard, « Poésie », 1984.

1. **Octroyé** : accordé.
2. **Giroflées** : fleurs très parfumées.

YANNIS RITSOS

Poète grec, Yannis Ritsos (1909-1990) a composé une œuvre imprégnée à la fois de sa vie personnelle et de son engagement politique. Marqué dès l'enfance par des drames familiaux (ruine, maladie, mort de sa mère et de son frère), il trouve réconfort dans l'idéal révolutionnaire et se rapproche du parti communiste grec. Son engagement lui vaut à plusieurs reprises la déportation et l'assignation à résidence.

Les textes 8 et 9 évoquent la guerre civile grecque (1946-1949) qui oppose les communistes, dirigés par le commandant Markos, aux monarchistes. Yannis Ritsos est engagé aux côtés des communistes. Dans « Dick », le poète relate l'exécution sommaire d'un chien « partisan », marquant ainsi la cruauté gratuite de ses adversaires. Dans « Événements », il retrace ses années de déportation en camp de « rééducation » (1948-1952). Ces textes, extraits de *Temps pierreux-Makronissionites*, ont été enterrés dans le camp dans des bouteilles scellées, et récupérés par la suite.

8. Dick

La pierre crucifiée par le vent –
le vent, le silence –
on n'entend rien
que les palpitations de la pierre
et la pierre du cœur travaillée par
la colère et la douleur
lourdement, lentement, fermement.

Pierre en abondance
cœur en abondance
pour construire nos usines futures
les palais populaires

les stades rouges[1]
et le grand monument aux héros de la Révolution.

N'oublions pas le monument à Dick –
oui, oui, à notre chien Dick,
du groupe de Moudros,
que les gendarmes ont tué
parce qu'il aimait beaucoup les déportés.

Un monument à Dick –
un chien de pierre
à large croupe,
avec deux gouttes de dévouement dans les yeux
la lèvre supérieure retroussée
dévoilant sa dent gauche
prête à mordre
la cheville de la nuit
ou l'ombre du gardien
ou la pause oblongue[2] de la lampe
qui déposait une plaque de silence
entre nos paroles et nos mains.

N'oublions pas Dick, camarades,
notre ami Dick
qui aboyait la nuit dans la cour face à la mer
et s'endormait à l'aube
contre les pieds nus de la Liberté,
avec la cétoine dorée[3] de l'étoile du matin
sur son oreille immobile.

---

1. Couleur symbolique du communisme.
2. **Oblongue** : de forme allongée.
3. **Cétoine dorée** : insecte.

Dick dort à Limnos[1] maintenant
dévoilant sa dent gauche pour toujours.

Il se peut qu'on l'entende encore après-demain
aboyer joyeusement à une manifestation
passant et repassant sous nos drapeaux
portant à sa dent gauche suspendue
une petite pancarte « À bas les tyrans ».

Dick était un bon chien –
camarades, n'oublions pas Dick,
notre ami Dick tué dans nos rangs
notre ami Dick qu'ils ont tué
parce qu'il aimait beaucoup nos camarades[2].

Temps pierreux. Makronissiotiques [1949],
trad. du grec par Pascal Neveu, Ypsilon éditeur, 2008.

9. Événements

Et sont arrivés les maladies, les diarrhées, le tétanos –
nous portons les malades aux cabinets sur des civières,
nous portons les morts jusqu'au rivage sur une planche;
d'où, au crépuscule, ils sont emmenés par caïque[3] vers Lavrion[4];
les déportés retirent leur bonnet, serrent les dents et regardent
la mer au loin
ils ne parlent pas, ils regardent loin, au-delà de Sounion[5]
jusqu'à ce qu'il fasse nuit et que le vent se tourmente dans la
couverture d'un mort,

1. **Limnos** : île grecque.
2. **Camarades** : nom par lequel les communistes s'appellent entre eux.
3. **Caïque** : bateau à rames.
4. **Lavrion** : port grec.
5. **Sounion** : cap grec.

ce vent interminable qui se répercute sur le mutisme[1] de la pierre,
qui renverse les ronces et le papier des cabinets
prend les bateaux à l'arrière, remplit les poches de paysages brisés
sépare la peau de l'os – le grand vent
qui délie le nœud des astres et nous ligote le cœur.

Un lit, deux lits – combien de lits restent vides
et les couverts des morts réunis dans un coin
comme une poignée d'étoiles sans nom,
et la lune grêlée criant sa peur à la mer toute la nuit
comme un vieux volet qui bat dans l'obscurité
et les baluchons de la nuit près des cuisines avec les pelures de patates
et la peine coincée contre la peur, tout près de notre cœur.

Puis le vent tombe
et nous entendons les pierres de la montagne qui dévalent,
nous entendons les godillots[2] des morts
et plus loin, les godillots de la liberté
tandis qu'elle remonte du bas-monde.

Temps pierreux. Makronissiotiques [1949],
trad. du grec par Pascal Neveu, Ypsilon éditeur, 2008.

1. **Mutisme** : refus de parler.
2. **Godillots** : chaussures (familier).

10. Chansons 1, 3, 4, 5, 17 et 18 des *Dix-huit petites chansons pour la patrie amère*

Yannis Ritsos est une nouvelle fois déporté pendant la « junte des colonels » (dictature militaire) de 1967 à 1972, sur l'île de Léros. Le poète écrit en un seul jour dix-huit petites chansons, destinées à être mises en musique, et qui forment un appel à la liberté.

1. Nouveau Baptême

Dans l'amertume et les pleurs on baptise de pauvres mots,
Des ailes leur viennent, ils volent, oiseaux, et chantent,

Et celui-ci, ce mot du secret – le mot de liberté
Au lieu d'ailes, sort des lames et déchire les airs.

3. Attente

Ainsi dans l'attente ont grandi les nuits
Où le chant a pris racine et poussé comme un arbre.

Et ceux-là, enchaînés, et ces autres, loin dans l'exil
Lâchent un soupir amer, ah ! et s'envole une feuille de tremble.

4. Peuple

Pas de sabre ni de balles au combat du petit peuple
Pour le pain de tout le monde, la lumière et le chant.

Sous sa langue il tient les plaintes et les vivats[1],
S'il fait mine de les chanter, les pierres se fendent.

---

1. **Vivats** : acclamations.

5. Messe des morts

Dans un coin est debout le grand-père, dans l'autre dix petits-fils,
Sur la table, neuf cierges enfoncés dans la miche.

Les mères s'arrachent les cheveux, les enfants se taisent,
À la lucarne, la Liberté veille et soupire.

17. Promesse

Se taisent les oiseaux, se taisent les cloches,
Se tait aussi le Grec amer, avec ses morts.

Seul, sans aide, sur la pierre du silence
Il aiguise ses ongles, promis à la liberté.

18. Ne pleure pas ce qui est grec

Ce qui est grec, ne le pleure pas quand il va se courber
Le poignard jusqu'à l'os et le fouet sur la nuque,

Voici qu'il sursaute, reprend force, grandit
Et harponne le monstre avec la pointe du soleil.

Dix-huit petites chansons pour la patrie amère [1968-1970],
trad. du grec par Jean-Pierre Bouzou et Michel Naudy, Fédérop, 1992.

Arrêt sur lecture 2

Un quiz pour commencer

Cochez les bonnes réponses.

❶ *Dans « Requiem » (texte 1), à qui Anna Akhmatova rend-elle visite en prison ?*

- ❒ Son fils.
- ❒ Son père.
- ❒ Son mari.

❷ *Dans « Romance de la Garde civile espagnole » (texte 2), que décrit Federico García Lorca ?*

- ❒ La vie des gitans dans la ville de Jerez.
- ❒ La révolte des gitans contre la Garde civile.
- ❒ L'attaque de la ville de Jerez par la Garde civile.

❸ *Comment est mort Federico García Lorca (texte 3) ?*

- ❒ Il a été assassiné.
- ❒ Il est mort fusillé par un peloton d'exécution.
- ❒ Il est mort à l'hôpital des suites d'une longue maladie.

❹ ***Dans « Madrid 1936 » (texte 4), quel événement historique évoque Pablo Neruda ?***

❒ L'avènement d'une dictature au Chili.
❒ La destruction de Guernica.
❒ Le coup d'État du général Franco.

❺ ***Dans « Salut » (texte 5), qu'emporte Pablo Neruda avec lui en exil ?***

❒ Un album de photographies.
❒ Un livre sur les oiseaux du Chili.
❒ Un livre sur le communisme.

❻ ***Dans « Les menteurs » (texte 6) et « Je dirai leurs noms » (texte 7), quelles sont les personnes que Pablo Neruda attaque ?***

❒ Des hommes politiques.
❒ Des journalistes.
❒ Des amis qui l'ont trahi.

❼ ***Dans « Dick » (texte 8), quel est le principal protagoniste ?***

❒ Un camarade communiste.
❒ Un chien.
❒ Un ennemi politique.

❽ ***Dans « Événements » (texte 9), quel fait historique évoque Yannis Ritsos ?***

❒ La guerre civile grecque.
❒ La fin de la Seconde Guerre mondiale.
❒ La déportation des opposants politiques grecs.

Des questions pour aller plus loin

☛ Analyser la parole du poète comme instrument de dénonciation

L'engagement du poète

❶ Nommez les auteurs des textes de la deuxième partie de l'anthologie. En vous aidant d'un dictionnaire, dites quel est leur pays d'origine et à quel régime politique ils s'opposent.
❷ Dans « Requiem » (texte 1) et « Salut » (texte 5), quels sont les pronoms personnels utilisés ? À qui sont destinés ces poèmes ?
❸ Quel est le pronom personnel dominant dans « Dick » (texte 8) et « Événements » (texte 9) ? Quelle position Yannis Ritsos adopte-t-il face aux événements qu'il dénonce ?
❹ « Romance de la Garde civile espagnole » (texte 2) se présente comme un poème narratif. Donnez-en les principales étapes. En quoi le titre de ce poème est-il ironique ?

La mise en scène de la violence

❺ Dans « Requiem » (texte 1), relevez les termes et expressions appartenant au champ lexical de la souffrance.
❻ Dans « Romance de la Garde civile espagnole » (texte 2), identifiez les couleurs dominantes. Que symbolisent-elles ?
❼ Quels sont les mots employés pour désigner les ennemis de Pablo Neruda dans « Les menteurs » (texte 6) ? Comment qualifieriez-vous le ton employé ?
❽ Dans « Événements » (texte 9), montrez à chaque strophe comment les morts sont évoqués. Pourquoi le poète choisit-il un ton détaché ?

Des chants d'amour et de vie

❾ Quel message Antonio Machado veut-il faire passer dans la dernière strophe de « Mort de Federico » (texte 3) ? Quels procédés utilise-t-il ?
❿ En vous appuyant sur le lexique et sur les figures de style, montrez que dans « Salut » (texte 5) Pablo Neruda associe le Chili à une femme aimée. Quels sentiments éprouve-t-il ?
⓫ Dans « Dick » (texte 8), comment Yannis Ritsos manifeste-t-il son attachement au chien ? De quoi l'animal peut-il être le symbole ?
⓬ Dans *Dix-huit petites chansons pour la patrie amère* (texte 10), relevez les éléments qui renvoient à la nature et au monde animal. En quoi servent-ils le combat politique de Yannis Ritsos ?

Zoom sur « Madrid 1936 » de Pablo Neruda (texte 4)

⓭ À quel événement historique ce poème fait-il allusion ? Quels sont les indices du texte qui permettent de le savoir ?
⓮ Qui est Pablo Neruda ? Dites dans quelles circonstances il a été amené à prendre position dans le conflit évoqué. Vous pourrez vous aider du paratexte et compléter vos réponses par des recherches dans votre CDI.
⓯ Relevez les mots qui marquent l'opposition entre l'ombre et la lumière, entre la première et la deuxième strophe. Qu'est-ce que l'auteur cherche à dénoncer ?
⓰ Montrez que la ville de Madrid est personnifiée tout au long du poème. Qui l'auteur veut-il en fait désigner ? Pourquoi utilise-t-il ce procédé ?
⓱ Relevez les mots du texte qui montrent l'admiration du poète pour la ville de Madrid et son mépris pour les agresseurs.

> *Rappelez-vous !*
> Pour dénoncer la violence que subissent les peuples, les poètes n'hésitent pas à employer eux aussi une forme de violence : celle des mots. Dans leurs textes, ils portent des accusations directes, dénoncent des crimes et attaquent des hommes politiques de leur époque. À cette violence s'oppose la fraternité qu'ils témoignent envers ceux qui partagent leur combat, et un grand amour de la vie qu'ils chantent malgré tout.

De la lecture à l'écriture

Des mots pour mieux écrire

❶ ***Pour chacun des mots suivants, donnez son étymologie et deux mots de la même famille :*** patrie, tyran.

❷ ***Complétez chacune des phrases suivantes avec les mots qui conviennent et accordez-les ou conjuguez-les si nécessaire :*** démocratie, terreur, dictature, effroi, saccager, oppression.

a. À l'époque de Staline, dans les années 1930, les gens vivent dans la __________ et l'__________ .
b. La Garde civile a __________ la ville de Jerez à l'époque du franquisme.
c. Dans une __________, les gens n'ont aucune liberté individuelle. Ils vivent dans l'__________ .
d. La __________ consiste à donner à chacun la possibilité de s'exprimer et de participer aux décisions importantes dans un pays. Une des manifestations de cette liberté est le droit de vote.

À vous d'écrire

❶ À la suite de l'arrestation arbitraire d'une personne de votre connaissance, vous écrivez un article de journal pour dénoncer cette injustice.
Consigne. Après avoir présenté les faits, vous donnerez votre point de vue en argumentant votre propos. Vous n'oublierez pas de donner un titre à votre article.

❷ Vous êtes exilé loin de votre pays pour des raisons politiques. Vous écrivez une lettre à un(e) ami(e) dans laquelle vous expliquez les circonstances de votre éloignement et exprimez vos sentiments à l'égard de votre pays.
Consigne. Vous respecterez la forme de la lettre. Vous exprimerez vos sentiments à l'aide d'un vocabulaire riche et varié, sans oublier d'utiliser des figures de style.

Du texte à l'image

➡ Pablo Picasso, *Guernica*, 1937.
(Image reproduite au verso de la couverture, en fin d'ouvrage.)

Lire l'image

❶ Observez attentivement ce tableau. Décrivez-le en allant de la composition d'ensemble aux détails.
❷ Quelles sont les couleurs utilisées par le peintre ? Selon vous, pourquoi ?
❸ Montrez que ce tableau exprime une grande violence.

Comparer le texte et l'image

❹ En vous aidant du titre et de la date de l'œuvre, faites une recherche pour identifier le contexte historique dans lequel a été peint ce tableau.
❺ De quels poèmes de l'anthologie pouvez-vous rapprocher cette toile ?
❻ Montrez que, comme les poètes de cette anthologie, Pablo Picasso réalise ici une œuvre engagée.

À vous de créer

❼ En vous inspirant de ce tableau et en vous aidant de vos recherches, rédigez un poème en vers ou en prose sur la tragédie de Guernica.

S'ENGAGER
CONTRE LE COLONIALISME

AIMÉ CÉSAIRE

Écrivain et homme politique français de Martinique, Aimé Césaire (1913-2008) prend conscience lors de ses études à Paris que la colonisation a engendré une profonde négation de la culture noire. Aux côtés de Léopold Sédar Senghor, il fonde le courant littéraire de la négritude, qui défend les valeurs et l'identité du peuple noir. Actif politiquement, il devient député en Martinique et lutte pour concilier l'équilibre économique et l'émancipation culturelle de son pays.

Les textes 1 et 2 sont des extraits de *Cahier d'un retour au pays natal*, œuvre qu'Aimé Césaire rédige entre 1935 et 1938, lors de ses études en France. Il y développe des idées s'opposant à l'idéologie coloniale de l'époque qui considère l'homme noir comme un individu inférieur. Il souligne ainsi l'empreinte profonde laissée par l'esclavage dans les rapports Blancs/Noirs, bien des années après son abolition.

1. « Et nous sommes debout maintenant... »

[...]
Et nous sommes debout maintenant, mon pays et moi, les cheveux dans le vent, ma main petite maintenant dans son poing énorme et la force n'est pas en nous, mais au-dessus de nous, dans une voix qui vrille la nuit et l'audience comme la pénétrance d'une guêpe apocalyptique. Et la voix prononce que l'Europe nous a pendant des siècles gavés de mensonges et gonflés de pestilences[1],
car il n'est point vrai que l'œuvre de l'homme est finie
que nous n'avons rien à faire au monde
que nous parasitons le monde
qu'il suffit que nous nous mettions au pas du monde
mais l'œuvre de l'homme vient seulement de commencer

1. **Pestilences** : mauvaises odeurs.

et il reste à l'homme à conquérir toute interdiction immobilisée
aux coins de sa ferveur
et aucune race ne possède le monopole de la beauté,
de l'intelligence, de la force
et il est place pour tous au rendez-vous de la conquête et nous savons maintenant que le soleil tourne autour de notre terre éclairant la parcelle qu'a fixée notre volonté seule et que toute étoile chute de ciel en terre à notre commandement sans limite.

Cahier d'un retour au pays natal [1939],
Présence africaine, 2000.

2. « Les Blancs disent que c'était un bon nègre… »

[…]
Les Blancs disent que c'était un bon nègre, un vrai bon nègre,
le bon nègre à son bon maître.
Je dis hurrah !
C'était un très bon nègre,
la misère lui avait blessé poitrine et dos et on avait fourré dans sa pauvre cervelle qu'une fatalité pesait sur lui qu'on ne prend pas au collet ; qu'il n'avait pas puissance sur son propre destin ; qu'un Seigneur méchant avait de toute éternité écrit des lois d'interdiction en sa nature pelvienne ; et d'être le bon nègre ; de croire honnêtement à son indignité, sans curiosité perverse de vérifier jamais les hiéroglyphes fatidiques[1].

C'était un très bon nègre

et il ne lui venait pas à l'idée qu'il pourrait houer, fouir[2], couper tout, tout autre chose vraiment que la canne[3] insipide

---

1. **Fatidiques** : fixés par le destin.
2. **Houer** : labourer avec une houe ; **fouir** : creuser le sol.
3. La canne à sucre était récoltée par les esclaves dans les régions tropicales.

C'était un très bon nègre.

Et on lui jetait des pierres, des bouts de ferraille, des tessons de bouteille, mais ni ces pierres, ni cette ferraille, ni ces bouteilles…
Ô quiètes[1] années de Dieu sur cette motte terraquée[2] !

et le fouet disputa au bombillement[3] des mouches la rosée sucrée de nos plaies.

Je dis hurrah ! La vieille négritude
progressivement se cadavérise
l'horizon se défait, recule et s'élargit
et voici parmi des déchirements de nuages la fulgurance d'un signe

le négrier[4] craque de toute part… Son ventre se convulse et résonne… L'affreux ténia[5] de sa cargaison ronge les boyaux fétides[6] de l'étrange nourrisson des mers !
Et ni l'allégresse des voiles gonflées comme une poche de doublons[7] rebondie, ni les tours joués à la sottise dangereuse des frégates policières[8] ne l'empêchent d'entendre la menace de ses grondements intestins

En vain pour s'en distraire le capitaine pend à sa grand'vergue[9] le nègre le plus braillard ou le jette à la mer, ou le livre à l'appétit de ses molosses

1. **Quiètes** : paisibles.
2. **Terraquée** : composée de terre et d'eau.
3. **Bombillement** : bourdonnement.
4. **Négrier** : personne qui faisait le commerce des esclaves noirs.
5. **Ténia** : ver qui parasite les intestins.
6. **Fétides** : d'une odeur forte et répugnante.
7. **Doublons** : ancienne monnaie espagnole.
8. **Frégates policières** : bateaux de police.
9. **Grand'vergue** : pièce de bois qui porte une voile carrée.

La négraille[1] aux senteurs d'oignon frit retrouve dans son sang
répandu le goût amer de la liberté

Et elle est debout la négraille

la négraille assise
inattendument debout
debout dans la cale
debout dans les cabines
debout sur le pont
debout dans le vent
debout sous le soleil
debout dans le sang
    debout
        et
            libre
debout et non point pauvre folle dans sa liberté et son dénuement
maritimes girant en la dérive parfaite et la voici :
plus inattendument debout
debout dans les cordages
debout à la barre
debout à la boussole
debout à la carte
debout sous les étoiles

    debout
        et
            libre

Cahier d'un retour au pays natal [1939],
Présence africaine, 2000.

1. **Négraille** : mot délibérément provocateur pour désigner le peuple noir.

3. Transmission

Dans ce poème, extrait de *moi, laminaire*... publié en 1982, Aimé Césaire évoque le problème de la transmission culturelle et de la mémoire. La recherche de l'identité est une problématique fondamentale pour Césaire, Martiniquais dont les ancêtres ont été vendus comme esclaves et déracinés de leur culture africaine d'origine.

le surplus
        je l'avais distribué aux rides des chemins
        à l'acharnement des ravins
les forces ne s'épuisent pas si vite
quand on n'en est que le dépositaire[1] fragile.
qui combien aux prix de quels hasards
les avaient amassées ?

        un signe
        un rien
        une lueur au bas du ciel
        une flamme née du sol
        un tremblement de l'air
        le signe que rien n'est mort

je hurlais :
        vous n'avez pas le droit de laisser couper
        le chemin de la transmission

je hurlais :
    la bouffonnerie des neurones
    suffit à mettre hors de cause l'état de la caldeira[2]

je hurlais au violent éclatement

cependant le temps me serpait dur
jusqu'à la racine intacte.

moi, laminaire... [1982], Le Seuil, « Points », 2006.

---

1. **Dépositaire** : personne à qui on a confié quelque chose. Ici, il s'agit de la mémoire.
2. **Caldeira** : creux formé en haut d'un volcan.

LÉOPOLD SÉDAR SENGHOR

Poète et homme politique sénégalais, Léopold Sédar Senghor (1906-2001) rencontre Aimé Césaire au cours de ses études en France. Lors de la Seconde Guerre mondiale, il combat aux côtés des Français et participe à la Résistance. En 1945, il commence une carrière politique et devient député au Sénégal. À l'indépendance du pays en 1960, il est élu président de la République. Il essaie de concilier dans sa vie comme dans son œuvre son attachement pour la France et sa volonté de rendre à l'Afrique sa culture et sa fierté.

4. Poème liminaire

Dans *Hosties noires*, recueil publié peu de temps après la Seconde Guerre mondiale, Léopold Sédar Senghor évoque son expérience de tirailleur au sein de l'armée française. Il décrit le rôle actif des soldats des colonies, qui s'accompagne d'un manque total de reconnaissance de la part de la France. Dans ce texte écrit en 1940, il rend hommage à ses compatriotes morts pour un pays qui n'était pas le leur.

À L.-G. Damas[1].

Vous Tirailleurs Sénégalais[2], mes frères noirs à la main chaude sous la glace et la mort
Qui pourra vous chanter si ce n'est votre frère d'armes, votre frère de sang ?

Je ne laisserai pas la parole aux ministres, et pas aux généraux
Je ne laisserai pas – non ! – les louanges de mépris vous enterrer furtivement.

---

1. **L.-G. Damas** (1912-1978) : poète qui, aux côtés de Senghor et de Césaire, participa au mouvement de la négritude.
2. **Tirailleurs sénégalais** : corps de soldats africains qui servaient dans l'armée française à l'époque coloniale.

Vous n'êtes pas des pauvres aux poches vides sans honneur
Mais je déchirerai les rires *banania*[1] sur tous les murs de France.

Car les poètes chantaient les fleurs artificielles des nuits de Montparnasse
Ils chantaient la nonchalance des chalands[2] sur les canaux de moire et de simarre[3]
Ils chantaient le désespoir distingué des poètes tuberculeux
Car les poètes chantaient les rêves des clochards sous l'élégance des ponts blancs
Car les poètes chantaient les héros, et votre rire n'était pas sérieux, votre peau noire pas classique.

Ah ! ne dites pas que je n'aime pas la France – je ne suis pas la France, je le sais –
Je sais que ce peuple de feu, chaque fois qu'il a libéré ses mains
A écrit la fraternité sur la première page de ses monuments
Qu'il a distribué la faim de l'esprit comme de la liberté
À tous les peuples de la terre conviés solennellement au festin catholique.
Ah ! ne suis-je pas assez divisé ? Et pourquoi cette bombe
Dans le jardin si patiemment gagné sur les épines de la brousse ?
Pourquoi cette bombe sur la maison édifiée pierre à pierre ?

Pardonne-moi, Sîra-Badral[4], pardonne étoile du Sud de mon sang
Pardonne à ton petit-neveu s'il a lancé sa lance pour les seize sons du sorong[5].

---

1. La marque de cacao Banania a longtemps utilisé comme logo une caricature de tirailleur sénégalais, représenté en train de rire.
2. Chalands : péniches.
3. Moire : éclat changeant et chatoyant d'un tissu; **simarre** : longue robe.
4. Sîra-Badral : princesse africaine.
5. Sorong : instrument de musique africain traditionnel.

Notre noblesse nouvelle est non de dominer notre peuple, mais d'être son rythme et son cœur
Non de paître[1] les terres, mais comme le grain de millet[2] de pourrir dans la terre
Non d'être la tête du peuple, mais bien sa bouche et sa trompette.

Qui pourra vous chanter si ce n'est votre frère d'armes, votre frère de sang
Vous Tirailleurs Sénégalais, mes frères noirs à la main chaude, couchés sous la glace et la mort ?

Paris, avril 1940.

Hosties noires [1948], dans *Œuvre poétique*, Le Seuil, « Points », 2006.

5. Assassinats

Au cours de la Seconde Guerre mondiale, Léopold Sédar Senghor écrit ce texte alors qu'il est prisonnier dans un camp réservé aux soldats des troupes coloniales. Ses camarades et lui ont manqué de peu d'être fusillés par les Allemands sur des critères raciaux. Dans ce poème, il se fait le défenseur de son peuple, tout en refusant la colère et la rancune.

Ils sont là étendus par les routes captives, le long des routes du désastre
Les sveltes peupliers, les statues des dieux sombres drapés dans leurs longs manteaux d'or
Les prisonniers sénégalais ténébreusement allongés sur la terre de France.

---

1. **Paître** : manger.
2. **Millet** : céréale cultivée en Afrique.

En vain ont-ils coupé ton rire, en vain la fleur plus noire de ta chair.
Tu es la fleur de la beauté première parmi l'absence nue des fleurs
Fleur noire et son sourire grave, diamant d'un temps immémorial.
Vous êtes le limon et le plasma[1] du printemps viride[2] du monde
Du couple primitif vous êtes la charnure[3], le ventre fécond la laitance[4]
Vous êtes la pullulance[5] sacrée des clairs jardins paradisiaques
Et la forêt incoercible[6], victorieuse du feu et de la foudre.

Le chant vaste de votre sang vaincra machines et canons
Votre parole palpitante les sophismes[7] et mensonges
Aucune haine votre âme sans haine, aucune ruse votre âme sans ruse.
Ô Martyrs noirs race immortelle, laissez-moi dire les paroles qui pardonnent.

Front-Stalag 230[8].

Hosties noires [1948], dans *Œuvre poétique*, Le Seuil, « Points », 2006.

---

1. **Limon** : terre fertile ; **plasma** : sang.
2. **Viride** : vert.
3. **Charnure** : ensemble des parties charnues du corps.
4. **Laitance** : semence.
5. **Pullulance** : multiplication (mot inventé par Senghor).
6. **Incoercible** : qu'on ne peut contenir, réprimer.
7. **Sophismes** : raisonnements qui n'ont que l'apparence de la vérité.
8. **Front-Stalag 230** : camp réservé aux troupes coloniales, à Poitiers, où Léopold Sédar Senghor était prisonnier.

6. Pour un F.F.I.[1] noir blessé

Dans ce poème, Léopold Sédar Senghor met en valeur un aspect paradoxal de la guerre : de nombreux combattants des colonies se sont engagés dans la Résistance pour défendre les valeurs de la République française, alors même que cette dernière ne leur témoignait aucune reconnaissance.

Si noir le F.F.I. dans le ciel bleu ! Si lourd son corps noir dans l'air libéré !
Si noir le F.F.I. sur deux épaules blanches ! Si rouge son sang entre deux blancheurs !
Léger le F.F.I. dans le sang de cristal, léger son corps vidé de sang d'or et de pourpre !
Sur les deux épaules carrées, voyez ! si légère la flamme de son âme.
Dors sur le duvet blanc de l'air, car les oiseaux ont réappris leurs chansons d'hier.
Dors, car tu as donné le riche de ton cœur – Que la paix berce ton sommeil !

Hosties noires [1948], dans *Œuvre poétique*, Le Seuil, « Points », 2006.

1. **F.F.I.** : homme appartenant aux Forces françaises de l'Intérieur, c'est-à-dire résistant à l'Occupation allemande.

DAVID DIOP

David Diop (1927-1960) est né en France, d'un père sénégalais et d'une mère camerounaise. Pendant ses études de lettres, il a Léopold Sédar Senghor comme professeur. Il devient enseignant au Sénégal et publie *Coups de pilon* en 1956, recueil de poèmes engagés. Il rejoint Sékou Touré (homme politique indépendantiste qui s'oppose à la politique du général de Gaulle) en Guinée en 1958 et adhère au parti africain de l'Indépendance. Deux ans plus tard, il meurt dans un accident d'avion.

Dans les textes 7, 8 et 9, David Diop dénonce l'humiliation du peuple noir par les Blancs pendant les siècles d'esclavage et de colonisation. Il s'insurge contre l'idée d'un destin condamnant tout un peuple à l'obéissance, à la souffrance et au mépris. Par la violence de son discours, il exhorte les siens à la révolte.

7. Le temps du martyre

Le Blanc a tué mon père
Car mon père était fier
Le Blanc a violé ma mère
Car ma mère était belle
Le Blanc a courbé mon frère sous le soleil des routes
Car mon frère était fort
Puis le Blanc a tourné vers moi
Ses mains rouges de sang
Noir
M'a craché son mépris au visage
Et de sa voix de maître :
« Hé boy[1], un berger, une serviette, de l'eau ! »

Coups de pilon [1973], Présence africaine, 2000.

---

1. **Boy** : « garçon » en anglais. C'est ainsi que les colons appelaient leurs serviteurs noirs.

8. Souffre pauvre Nègre

Le fouet siffle
Siffle sur ton dos de sueur et de sang
Souffre pauvre Nègre
Le jour est long
Si long à porter l'ivoire blanc[1] du Blanc, ton Maître
Souffre pauvre Nègre
Tes enfants ont faim
Faim et ta case branlante[2] est vide
Vide de ta femme qui dort
Qui dort sur la couche seigneuriale[3]
Souffre pauvre Nègre
Nègre noir comme la Misère !

Coups de pilon [1973], Présence africaine, 2000.

9. Un Blanc m'a dit…

Tu n'es qu'un nègre !
Un nègre !
Un sale nègre !
Ton cœur est une éponge qui boit
Qui boit avec frénésie le liquide empoisonné du vice
Et ta couleur emprisonne ton sang
Dans l'éternité de l'esclavage.
Le fer rouge de la justice t'a marqué
Marqué dans ta chair de luxure[4].

---

1. Le commerce de l'ivoire, provenant des défenses d'éléphants, était très répandu dans l'Afrique coloniale. Il est aujourd'hui interdit.

2. Case branlante : maison délabrée.

3. À l'époque de l'esclavage, certains maîtres imposaient à leurs esclaves des relations sexuelles.

4. Luxure : recherche excessive du plaisir.

Ta route a les contours tortueux de l'humiliation
Et ton avenir, monstre, damné[1], c'est ton présent de honte.
Donne-moi ce dos qui ruisselle
Et ruisselle de la sueur fétide de tes fautes.
Donne-moi tes mains calleuses[2] et lourdes
Ces mains de rachat sans espoir.
Le travail n'attend pas !
Et que tombe ma pitié
Devant l'horreur de ton spectacle.

Coups de pilon [1973], Présence africaine, 2000.

Dans les textes 10 et 11, David Diop évoque les difficultés que rencontre le continent africain dès le début de la décolonisation : élections frauduleuses, guerres civiles… Le poète dénonce le poids des siècles de servitude, la difficulté à retrouver une identité et une organisation politique propres. Il pousse son peuple à refuser toute forme de manipulation et à conquérir sa dignité de peuple libre.

10. Peuple noir

Le peuple que l'on traîne
Traîne et promène et déchaîne à travers les théâtres
électoraux[3]
Le peuple que l'on jette en pâture[4]
Dans les champs avides de boucherie
Le peuple qui se tait
Quand il doit hurler
Qui hurle
Quand il doit se taire

1. **Damné** : condamné à l'enfer.
2. **Calleuses** : abîmées, marquées par le travail.
3. **Théâtres électoraux** : élections truquées dans certains pays d'Afrique.
4. **Que l'on jette en pâture** : que l'on livre à des gens qui lui veulent du mal.

Le peuple lourd de siècles de servitude
Sur ses épaules de bon géant
Le peuple que l'on caresse
Comme le serpent caresse sa proie
Mais le peuple qui se soulève
Se redresse
Se cabre
Le peuple qui saura se venger…

Coups de pilon [1973], Présence africaine, 2000.

11. Non !

J'entonne maintenant un autre chant
Chant de gloire et de deuil
Il me faut célébrer ces jours mémorables
Qui réveillèrent l'Afrique de sa léthargie millénaire[1]
Les arbres s'en souviennent
Les collines s'en souviennent
Les fleuves s'en souviennent
La Nature entière s'en souviendra
Elle qui semble indifférente à notre sort
Elle encore celle qui fixe les jalons de l'Histoire
Et rappelle aux mortels leurs actes oubliés.

Dans cent ans
Dans mille ans
Les manguiers de Bouaflé
Les rôniers[2] de Dimbokro
Ceux de Yamoussokro

1. **Léthargie millénaire** : somnolence, inaction qui dure depuis très longtemps.
2. **Rôniers** : palmiers.

Les cocotiers de Grand-Bassam[1]
Témoigneront au barreau de l'Humanité
Des crimes commis au nom de la Liberté.

Aussi vrai que la Côté-d'Ivoire
Est habitée par des hommes à la peau noire
La chasse a été donnée aux habitants de Bouaflé
La raison nul ne l'ignore
En dehors de leurs fêtes et de leurs funérailles
Les Noirs se réunissent toujours
Pour exiger leur droit à la liberté
Et le respect de leur dignité.

« Tirez »
La rafale du fusil-mitrailleur
Coupe le fil à l'orateur
Dans Bouaflé sombre de poussière
Le tumulte et la consternation à leur comble
Ceux qui tuent sont des Africains
Ceux qui sont tués sont des Africains
Au nom de quel idéal
Des Africains tuent-ils d'autres Africains

Les mères hurlent de douleur
Les enfants pleurent
Les pères fuient
Ô lecteurs
Je ne fais point ici le récit d'une bataille
Ni ne chante l'épopée de deux armées
Ces hommes qui fuient ne sont point des lâches
Ils reviennent du Danube, de Dunkerque[2]

---

1. **Bouaflé, Dimbokro, Yamoussokro, Grand-Bassam** : villes de Côte d'Ivoire.
2. **Danube, Dunkerque** : lieux de combats pendant la Seconde Guerre mondiale, à laquelle ont participé de nombreux Africains des pays colonisés.

À présent les forces sont inégales
Nous n'avons fabriqué ni fusils, ni bombardiers
Il n'y a que des lâches et des innocents
Et dans cette nuit tiède des tropiques
Sous l'œil vigilant des baïonnettes
Le cortège des « noirs mécontents ».

Coups de pilon [1973], Présence africaine, 2000.

12. Afrique

Dans ce poème, David Diop, Africain né en France et qui ne connaît qu'une Afrique rêvée où il n'est pas encore allé, exprime la nostalgie d'une civilisation massacrée, la souffrance d'années de servitude, mais aussi un immense espoir en l'avenir. Ce texte est désormais appris par des générations d'écoliers en Afrique francophone.

À ma mère.

Afrique mon Afrique
Afrique des fiers guerriers dans les savanes ancestrales
Afrique que chante ma grand-Mère
Au bord de son fleuve lointain
Je ne t'ai jamais connue
Mais mon regard est plein de ton sang
Ton beau sang noir à travers les champs répandu
Le sang de ta sueur
La sueur de ton travail
Le travail de l'esclavage
L'esclavage de tes enfants
Afrique dis-moi Afrique
Est-ce donc toi ce dos qui se courbe
Et se couche sous le poids de l'humilité
Ce dos tremblant à zébrures rouges
Qui dit oui au fouet sur les routes de midi

Alors gravement une voix me répondit
Fils impétueux cet arbre robuste et jeune
Cet arbre là-bas
Splendidement seul au milieu de fleurs blanches et fanées
C'est l'Afrique ton Afrique qui repousse
Qui repousse patiemment obstinément
Et dont les fruits ont peu à peu
L'amère saveur de la liberté.

Coups de pilon [1973], Présence africaine, 2000.

JACQUES PRÉVERT

Jacques Prévert (1900-1977) est un poète et scénariste français. Sa poésie, d'apparence simple et souvent fondée sur des jeux de mots, a souvent séduit les jeunes lecteurs. De nombreux textes de Prévert sont aussi des poèmes engagés, porteurs de messages exprimant les convictions de leur auteur.

13. Entendez-vous gens du Viêt-nam…

Publié en 1953, ce poème est le premier texte d'un ouvrage collectif dirigé par Jean-Paul Sartre et intitulé *L'Affaire Henri Martin*. Henri Martin est un jeune marin qui est parti pour la guerre d'Indochine (actuel Viêt-nam) après avoir combattu pour la libération de la France pendant la Seconde Guerre mondiale. Comprenant que cette guerre est une guerre d'oppression et que la position de la France nie les valeurs auxquelles il a toujours cru, il exhorte ses camarades à cesser le combat. Emprisonné, il devient pour les intellectuels français un symbole: celui du refus de la guerre d'Indochine mais aussi de toute action qui justifie et défend les colonisations.

Entendez-vous
Entendez-vous gens du Viêt-nam
entendez-vous dans vos campagnes[1]
dans vos rizières dans vos montagnes…
Oui nous les entendons

Ces êtres inférieurs
architectes danseurs pêcheurs et mineurs
jardiniers et sculpteurs tisserands ou chasseurs
paysans et pasteurs artisans et dockers[2]
coolies[3] navigateurs

---

1. **Entendez-vous dans vos campagnes** : parodie des paroles de *La Marseillaise*, hymne national français.
2. **Dockers** : personnes qui chargent et déchargent les navires.
3. **Coolies** : porteurs en Extrême-Orient.

Ces êtres inférieurs
ne savaient haïr que la haine
ne méprisaient que le mépris

Ces êtres inférieurs
ne craignaient guère la mort
tant ils aimaient l'amour
tant ils vivaient la vie
et leur vie quelquefois était belle comme le jour
et le sang de la lune courait sur les rizières
et le jour lui aussi était beau comme la nuit

Il y avait aussi la faim et la misère
les très mauvaises fièvres et le trop dur labeur

Mais le jour était beau comme la nuit
le soleil fou dansait dans les yeux des jeunes filles
et la nuit était belle comme le jour
la lune folle aussi dansait seule sur la mer
la misère se faisait une beauté pour l'amour

Et les enfants en fête malgré les Mauvais Temps[1]
jouaient avec les bêtes en pourchassant le vent

Mais
il y avait aussi et venant de très loin
les Monopolitains[2]
ceux de la Métropole et de l'appât du gain
Négociants trafiquants notables résidents avec les légionnaires les expéditionnaires et les concessionnaires et les hauts commissaires

1. **Les Mauvais Temps** : la période de la guerre.
2. **Monopolitains** : jeu de mots avec « métropolitains » (habitants de métropole). Dénonce l'exploitation économique du Viêt-nam par les Français qui monopolisent le commerce.

Et puis les missionnaires et les confessionnaires[1]
venus là pour soigner leurs frères inférieurs
venus pour les guérir de l'amour de la vie
cette vieille et folle honteuse maladie
Et cela depuis fort longtemps
bien avant la mort de Louis XVI
bien avant l'exploitation et l'exportation de la Marseillaise

Et la misère était cotée en Bourse
sous le couvert
et dans les plis et replis du pavillon tricolore
[...]

La Pluie et le beau temps [1955], Gallimard, «Folio», 1972.

14. «Étranges étrangers...»

Jacques Prévert évoque ici un aspect particulier de la colonisation: celui des immigrés qui ont rejoint la métropole, s'installant dans ce pays qui n'est pas tout à fait le leur, mais dont les années d'occupation l'ont rendu étrangement proche. Ce texte présente le visage d'une France qui accueille et qui exploite, poursuivant ainsi sous une autre forme le processus de la colonisation. Jacques Prévert conclut en revendiquant pour tous le droit à l'appartenance à une France plurielle.

Étranges étrangers

Kabyles[2] de la Chapelle et des quais de Javel[3]
hommes des pays loin
cobayes des colonies

---

1. Les prêtres catholiques ont commencé à évangéliser le pays dès le XVIe siècle.
2. **Kabyles** : peuples berbères originaires d'Algérie, ancienne colonie française.
3. **La Chapelle, les quais de Javel** : lieux parisiens. De nombreux lieux de Paris ou de sa banlieue sont évoqués dans cette strophe.

Doux petits musiciens
soleils adolescents de la porte d'Italie
Boumians[1] de la porte de Saint-Ouen
Apatrides[2] d'Aubervilliers
brûleurs des grandes ordures de la ville de Paris
ébouillanteurs des bêtes trouvées mortes sur pied
au beau milieu des rues
Tunisiens de Grenelle
embauchés débauchés
manœuvres désœuvrés
Polacks[3] du Marais du Temple des Rosiers

Cordonniers de Cordoue soutiers[4] de Barcelone
pêcheurs des Baléares ou bien du Finisterre[5]
rescapés de Franco[6]
et déportés de France et de Navarre
pour avoir défendu en souvenir de la vôtre
la liberté des autres

Esclaves noirs de Fréjus[7]
tiraillés et parqués
au bord d'une petite mer
où peu vous vous baignez

Esclaves noirs de Fréjus
qui évoquez chaque soir
dans les locaux disciplinaires

---

1. **Boumians** : bohémiens.
2. **Apatrides** : sans patrie.
3. **Polacks** : Polonais.
4. **Soutiers** : marins qui travaillent dans les soutes pour alimenter le bateau en charbon.
5. **Finisterre** : cap de Galice, région d'Espagne.
6. Le général Franco a installé une dictature militaire en Espagne en 1936, obligeant de nombreux opposants à fuir leur pays. Beaucoup s'étaient alors réfugiés en France.
7. De nombreuses troupes coloniales étaient cantonnées à Fréjus.

avec une vieille boîte à cigares
et quelques bouts de fil de fer
tous les échos de vos villages
tous les oiseaux de vos forêts
et ne venez dans la capitale
que pour fêter au pas cadencé
la prise de la Bastille le quatorze juillet

Enfants du Sénégal[1]
dépatriés expatriés et naturalisés

Enfants indochinois[2]
jongleurs aux innocents couteaux
qui vendiez autrefois aux terrasses des cafés
de jolis dragons d'or faits de papier plié

Enfants trop tôt grandis et si vite en allés
qui dormez aujourd'hui de retour au pays
le visage dans la terre
et des bombes incendiaires labourant vos rizières

On vous a renvoyé
la monnaie de vos papiers dorés
on vous a retourné
vos petits couteaux dans le dos

Étranges étrangers

Vous êtes de la ville
vous êtes de sa vie
même si mal en vivez
même si vous en mourez.

Grand bal du printemps [1951], Gallimard, « Folio », 1978.

---

1. Le Sénégal était alors une colonie française.
2. L'Indochine était alors une colonie française.

Arrêt sur lecture 3

Un quiz pour commencer

Cochez les bonnes réponses.

❶ *Quel terme Aimé Césaire emploie-t-il pour désigner le peuple noir et sa culture (textes 1 et 2) ?*

- ❒ Africanisme.
- ❒ Négrier.
- ❒ Négritude.

❷ *Dans « Poème liminaire » (texte 4), à qui s'adresse Léopold Sédar Senghor ?*

- ❒ À des soldats sénégalais qui se battent pour la décolonisation.
- ❒ À des soldats des colonies morts pour la France.
- ❒ À des soldats des colonies auxquels la France rend hommage.

❸ *Dans « Le temps du martyre » (texte 7), pourquoi le père de l'énonciateur a-t-il été tué ?*

- ❒ Parce qu'il était fier.
- ❒ Parce qu'il a trahi son pays.
- ❒ Parce qu'il s'est révolté.

❹ ***Dans « Souffre pauvre Nègre » (texte 8), que fait le maître ?***

- ❒ Il gifle l'esclave.
- ☒ Il frappe l'esclave avec un fouet.
- ❒ Il écoute avec bienveillance les requêtes de ses serviteurs.

❺ ***Dans « Non ! » (texte 11), où les faits se déroulent-ils ?***

- ☒ En Côte d'Ivoire.
- ❒ Au Cameroun.
- ❒ Au Chili.

❻ ***Dans « Entendez-vous gens du Viêt-nam… » (texte 13), quel hymne est parodié ?***

- ❒ L'hymne national du Viêt-nam.
- ❒ *L'Internationale*.
- ☒ *La Marseillaise*.

❼ ***Où vivent les « Étranges étrangers… » du poème de Jacques Prévert (texte 14) ?***

- ☒ En France.
- ❒ En Italie.
- ❒ En Kabylie.

Des questions pour aller plus loin

☛ Étudier comment s'exprime la révolte du poète contre la colonisation

Des poèmes contre l'esclavage

❶ Dans votre CDI, faites des recherches sur la traite négrière.
❷ Montrez qu'Aimé Césaire évoque de façon concrète le commerce des esclaves dans *Cahier d'un retour au pays natal* (texte 2). Ce commerce existe-t-il encore au moment où il écrit son texte ?
❸ En vous appuyant sur les répétitions, les rapports logiques et la chute du poème, analysez comment David Diop, dans « Le temps du martyre » (texte 7), met en valeur l'inhumanité du « Blanc ». Selon vous, le poète parle-t-il ici de son expérience personnelle ?
❹ Dans « Un Blanc m'a dit... » (texte 9), montrez comment le locuteur justifie les atrocités commises envers le peuple noir. Comment le point de vue de l'auteur transparaît-il ?

Des poèmes pour accuser les colons

❺ Dans votre CDI et sur internet, faites des recherches sur *La Marseillaise*. Dans la première strophe de « Entendez-vous gens du Viêt-nam... » (texte 13), montrez comment Jacques Prévert en détourne le sens et expliquez quelles accusations il formule.
❻ Dans « Entendez-vous gens du Viêt-nam... » (texte 13), montrez que Jacques Prévert dresse un historique de la colonisation du Viêt-nam. Pourquoi a-t-il choisi de mettre l'expression « ces êtres inférieurs » en italiques ?

❼ En vous appuyant sur « Poème liminaire » (texte 4), « Assassinats » (texte 5), et « Pour un F.F.I. noir blessé » (texte 6), dites quels rôles ont joués les soldats issus des colonies françaises pendant la Seconde Guerre mondiale. Que dénonce Léopold Sédar Senghor ?
❽ Comparez les textes 4, 5 et 6 de Léopold Sédar Senghor avec les textes 7, 8 et 9 de David Diop. Montrez que l'un adopte une attitude plus modérée que l'autre à l'égard de la France.

Des poèmes pour reconquérir une identité

❾ Dans « Transmission » (texte 3), quelle problématique liée à l'esclavage et à la colonisation Aimé Césaire met-il en avant ?
❿ Quel adverbe répété plusieurs fois dans *Cahier d'un retour au pays natal* (textes 1 et 2) marque la révolte du peuple noir ? À quoi ce mot s'oppose-t-il ?
⓫ Dans « Peuple noir » (texte 10) et « Non ! » (texte 11), montrez que David Diop met en évidence la difficile reconquête de l'identité pour les peuples africains après des siècles de servitude. Vous vous appuierez en particulier sur les verbes utilisés.
⓬ Comment Jacques Prévert met-il en scène la complexité du passé colonial en France dans « Étranges étrangers… » (texte 14) ? Quel message veut-il faire passer ? Selon vous, est-il toujours d'actualité ?

Zoom sur « Afrique » de David Diop (texte 12)

Vers 1 à 16

⓭ À qui s'adresse le poète dans la première partie du texte ? Quelle est la figure de style utilisée ?
⓮ Montrez que l'auteur évoque l'Afrique du passé. À votre avis, pourquoi ?
⓯ Étudiez les répétitions dans les vers 6 à 11. Quel est l'effet produit ?

Vers 17 à 24

⓰ Qui prend la parole à la fin du texte ? À quelle question répond-on ?
⓱ Quel est le message qui se dégage à la fin du poème ? Est-il optimiste ?

Rappelez-vous !
La littérature francophone rassemble l'ensemble des œuvres écrites en français quel que soit le pays d'origine de leur auteur. Lorsqu'Aimé Césaire et Léopold Sédar Senghor fondent le courant littéraire de la négritude, ils veulent défendre l'identité du peuple noir, bafouée par des siècles d'esclavage puis par la colonisation. Ils décident de s'exprimer en français plutôt qu'en langues locales pour donner une plus grande répercussion à leur mouvement et faire connaître leur culture par-delà les frontières.

De la lecture à l'écriture

Des mots pour mieux écrire

❶ ***En vous aidant d'un dictionnaire, indiquez pour chacun des mots suivants son étymologie, l'évolution du mot et un mot de la même famille :*** nègre, colonie.

❷ ***Pour chacun des verbes suivants, donnez un antonyme :*** dominer, humilier, monopoliser, asservir, mépriser.

À vous d'écrire

❶ Vous êtes témoin d'une scène à caractère raciste. Racontez-la en gardant l'attitude d'un observateur extérieur.
Consigne. Vous êtes le narrateur de l'histoire mais n'intervenez pas en tant que personnage. Vous pouvez faire part des émotions et des sentiments que cette scène suscite en vous. Votre texte sera d'une trentaine de lignes.

❷ Comme David Diop dans « Afrique » (texte 12), écrivez un poème en hommage à un lieu (village, ville, région, pays…) que vous aimez et que vous souhaitez défendre.
Consigne. Votre texte pourra être en vers ou en prose. Vous jouerez sur les sonorités, les répétitions et les images pour le rendre poétique et éloquent.

Arrêt sur l'œuvre

Des questions sur l'ensemble de l'anthologie

❶ Quels sont les différents événements historiques évoqués dans les poèmes de cette anthologie ? Classez-les dans l'ordre chronologique et donnez leur localisation géographique.

❷ Quelles sont les caractéristiques communes aux combats politiques des différents auteurs ?

❸ Relevez les poèmes qui dénoncent la tyrannie et l'injustice. Quels sont les procédés utilisés pour convaincre le lecteur ?

❹ Montrez comment se manifestent dans différents textes la haine et la colère des poètes.

❺ En vous appuyant sur différents poèmes, montrez que le combat politique prend appui sur la force d'un groupe. Comment sont mises en avant l'amitié et la fraternité ?

❻ Quels sont les poèmes qui évoquent le sentiment amoureux ? Quelle dimension semble prendre l'amour en temps de guerre ?

Des mots pour mieux écrire

Lexique de la domination

Arbitraire : qui dépend du caprice de quelqu'un et non de la justice.
Asservir : réduire à un état de dépendance absolu ; rendre esclave.
Charisme : qualité qui permet d'exercer un pouvoir sur un groupe.
Colonisation : annexion d'un territoire par une nation étrangère, qui exerce alors le contrôle politique et économique.
Coup d'État : prise illégale du pouvoir par une personne ou un groupe qui exerce des fonctions à l'intérieur de l'État.
Despotisme : forme de gouvernement dans lequel une seule personne exerce tous les pouvoirs.
Dictateur : personne qui, parvenue au pouvoir, gouverne de façon arbitraire sans consulter le peuple.
Opprimer : imposer une autorité excessive.
Totalitarisme : système politique caractérisé par la soumission complète des existences individuelles à un ordre collectif qui fait régner un pouvoir dictatorial.
Tyrannie : gouvernement autoritaire qui ne respecte pas les libertés individuelles et sur lequel le peuple n'a aucun contrôle.

Complétez chacune des phrases suivantes à l'aide des mots du lexique de la domination. Accordez-les ou à conjuguez-les si nécessaire.

a. Après le _________ du général Franco, l'Espagne s'est vue régie par une dictature militaire.
b. Pendant l'occupation allemande, il y a eu en France de nombreux otages emprisonnés de façon _________ pour inciter la population à collaborer.
c. Après avoir exercé pendant plusieurs siècles une emprise purement économique, les puissances européennes ont commencé la _________ de l'Afrique à partir du milieu du XIXe siècle.

d. L'accession au pouvoir de nombreux _________ est souvent favorisée par leur_________, qui leur assure un pouvoir sur les populations en dépit de l'injustice et de la peur qu'ils font régner dans leur pays.
e. Le communisme en URSS, qui reposait au départ sur des idées généreuses, a souvent été exercé comme une _________ dont beaucoup d'individus innocents ont été les victimes.
f. Pablo Neruda a été exilé du Chili pour s'être opposé à un régime totalitaire qui ne laissait pas les idées de chacun s'exprimer et qui _________ son peuple.

Lexique de la révolte

Colère : sentiment violent et passager résultant du sentiment d'avoir été agressé ou offensé.
Indignation : sentiment de révolte provoqué par une injustice.
Insoumis : qui refuse ce qu'on veut lui imposer.
Insurgé : personne qui participe à une révolte.
Opposition : action de résister à quelqu'un ou quelque chose.
Outré : choqué, indigné.
Rebelle : personne qui se révolte contre le pouvoir en place.
Révolution : changement brusque et violent des structures politiques et sociales d'un État par l'action d'un groupe qui renverse le pouvoir en place.
Scandalisé : révolté.
Se dresser : manifester son opposition (sens figuré).
Soulèvement : mouvement de révolte collective.

Mots croisés

Tous les mots à placer dans cette grille se trouvent dans le lexique de la révolte (p. 114).

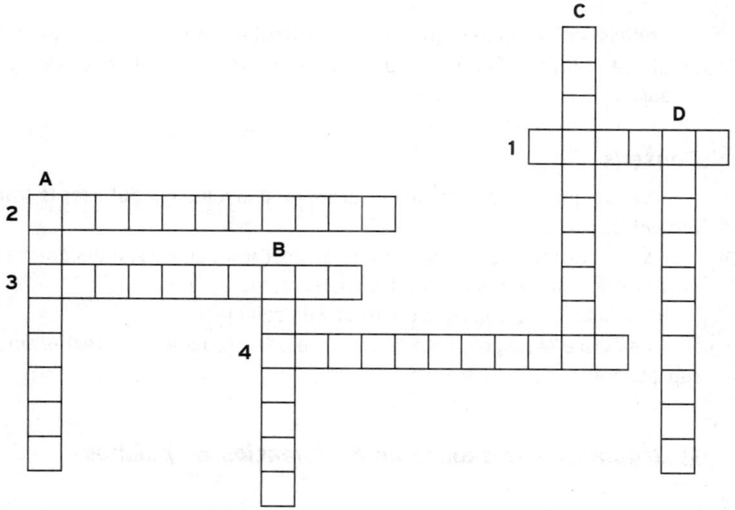

Horizontalement

1. Sentiment violent de celui qui se sent offensé.
2. Sentiment de révolte.
3. Révolté, indigné.
4. Mouvement de révolte collective.

Verticalement

A. Indocile.
B. Qui participe à une révolte.
C. Résistance à quelqu'un ou quelque chose.
D. Transformation radicale des structures politiques d'un pays.

À vous de créer

❶ *Réaliser une mise en page expressive d'un poème*

Choisissez un poème qui vous a particulièrement plu. Recopiez-le en utilisant différentes techniques qui permettent de mettre le texte en valeur.

Conseils

– Vous pouvez choisir de le calligraphier à la main ou d'utiliser le traitement de texte.

– Vous respecterez s'il y a lieu la disposition des vers, mais pourrez faire varier la taille des lettres, les couleurs, etc.

– Votre texte sera illustré ou assorti de collages.

– La classe réalisera si elle le souhaite une exposition des textes ainsi représentés.

❷ *Organiser une séance de déclamation de poèmes*

Apprenez par cœur le poème qui vous a le plus touché, afin de le déclamer lors d'une séance de présentation publique avec votre classe.

Conseils

– Mémorisez votre poème (ou une partie, s'il est particulièrement long) en prenant soin de respecter le nombre de syllabes, le rythme des phrases, etc.

– Avec votre classe, entraînez-vous à en faire une déclamation expressive.

– Lorsque vous vous sentez prêts, organisez une petite présentation avec un public restreint (une autre classe par exemple), dans un espace que vous aurez aménagé pour la circonstance.

Du texte à l'image

➡ **Affiche de Villemot pour le film *Paris brûle-t-il?* de René Clément (1966). (Image reproduite en couverture.)**

Lire l'image

❶ Observez les éléments au premier plan de cette image. Montrez qu'ils expriment à la fois la violence et la fraternité.
❷ Décrivez précisément l'arrière-plan de l'image. Quels monuments reconnaissez-vous ?
❸ Quelles sont les couleurs dominantes de cette affiche ? Que symbolisent-elles ?

Comparer le texte et l'image

❹ À quelle partie de l'anthologie vous fait plus particulièrement penser cette image ?
❺ Montrez que cette affiche évoque des thèmes présents dans tous les poèmes de l'anthologie.

À vous de créer

❻ En vous appuyant sur cette image et sur votre lecture de l'anthologie, proposez une définition de la poésie engagée.

Groupements de textes

Chansons engagées d'hier et d'aujourd'hui

Jean-Baptiste Clément, « La semaine sanglante »

Jean-Baptiste Clément (1836-1903) est un chansonnier du XIXe siècle. En 1871, il participe au mouvement populaire de la Commune, qui est violemment réprimé par le gouvernement conservateur d'Adolphe Thiers, lors de la « semaine sanglante ». Cette chanson évoque cet épisode tristement célèbre.

Sauf des mouchards et des gendarmes,
On ne voit plus par les chemins,
Que des vieillards tristes en larmes,
Des veuves et des orphelins.
Paris suinte la misère,
Les heureux mêmes sont tremblants.
La mode est aux conseils de guerre,
Et les pavés sont tous sanglants.

Oui mais !
Ça branle dans le manche,
Les mauvais jours finiront.
Et gare ! à la revanche
Quand tous les pauvres s'y mettront.
Quand tous les pauvres s'y mettront.

Les journaux de l'ex-préfecture
Les flibustiers, les gens tarés,
Les parvenus par l'aventure,
Les complaisants, les décorés
Gens de Bourse et de coin de rues,
Amants de filles au rebut,
Grouillent comme un tas de verrues,
Sur les cadavres des vaincus.

Oui mais !
Ça branle dans le manche,
Les mauvais jours finiront.
Et gare ! à la revanche
Quand tous les pauvres s'y mettront.
Quand tous les pauvres s'y mettront.

On traque, on enchaîne, on fusille
Tout ceux qu'on ramasse au hasard.
La mère à côté de sa fille,
L'enfant dans les bras du vieillard.
Les châtiments du drapeau rouge
Sont remplacés par la terreur
De tous les chenapans de bouges,
Valets de rois et d'empereurs.

Oui mais !
Ça branle dans le manche,
Les mauvais jours finiront.
Et gare ! à la revanche
Quand tous les pauvres s'y mettront.
Quand tous les pauvres s'y mettront.

Nous voilà rendus aux jésuites
Aux Mac-Mahon, aux Dupanloup.
Il va pleuvoir des eaux bénites,
Les troncs vont faire un argent fou.
Dès demain, en réjouissance
Et Saint-Eustache et l'Opéra
Vont se refaire concurrence,
Et le bagne se peuplera.

Oui mais !
Ça branle dans le manche,
Les mauvais jours finiront.
Et gare ! à la revanche
Quand tous les pauvres s'y mettront.
Quand tous les pauvres s'y mettront.

Demain les manons, les lorettes
Et les dames des beaux faubourgs
Porteront sur leurs collerettes
Des chassepots et des tampbours
On mettra tout au tricolore,
Les plats du jour et les rubans,
Pendant que le héros Pandore
Fera fusiller nos enfants.

Oui mais !
Ça branle dans le manche,
Les mauvais jours finiront.
Et gare ! à la revanche
Quand tous les pauvres s'y mettront.
Quand tous les pauvres s'y mettront.

Demain les gens de la police
Refleuriront sur le trottoir,
Fiers de leurs états de service,
Et le pistolet en sautoir.
Sans pain, sans travail et sans armes,
Nous allons être gouvernés

Par des mouchards et des gendarmes,
Des sabre-peuple et des curés.

Oui mais !
Ça branle dans le manche,
Les mauvais jours finiront.
Et gare ! à la revanche
Quand tous les pauvres s'y mettront.
Quand tous les pauvres s'y mettront.

Le peuple au collier de misère
Sera-t-il donc toujours rivé ?
Jusques à quand les gens de guerre
Tiendront-ils le haut du pavé ?
Jusques à quand la Sainte Clique
Nous croira-t-elle un vil bétail ?
À quand enfin la République
De la Justice et du Travail ?

Oui mais !
Ça branle dans le manche,
Les mauvais jours finiront.
Et gare ! à la revanche
Quand tous les pauvres s'y mettront.
Quand tous les pauvres s'y mettront.

Jean-Baptiste Clément, « La semaine sanglante », 1871.

Joseph Kessel et Maurice Druon, « Le chant des partisans »

Joseph Kessel (1898-1979) et Maurice Druon (1918-2009), écrivains français ayant rejoint les Forces françaises libres du général de Gaulle en Angleterre pendant la Seconde Guerre mondiale, ont rédigé ensemble les paroles de cette chanson inspirée d'un chant révolutionnaire russe. Elle devint l'hymne de la Résistance française dans la France occupée par les nazis. Succès mondial, elle connut une grande postérité. Elle a été chantée par Yves Montand, Mireille Mathieu, Johnny Hallyday et bien d'autres, et adaptée par le groupe Zebda sous le titre « Motivés ».

Ami, entends-tu le vol noir des corbeaux sur nos plaines?
Ami, entends-tu les cris sourds du pays qu'on enchaîne?
Ohé, partisans, ouvriers et paysans, c'est l'alarme.
Ce soir l'ennemi connaîtra le prix du sang et des larmes.

Montez de la mine, descendez des collines, camarades!
Sortez de la paille les fusils, la mitraille, les grenades.
Ohé, les tueurs, à la balle et au couteau, tuez vite!
Ohé, saboteurs, attention à ton fardeau, dynamite!

C'est nous qui brisons les barreaux des prisons pour nos frères.
La haine à nos trousses et la faim qui nous pousse, la misère.
Il y a des pays où les gens au creux du lit font des rêves.
Ici, nous, vois-tu, nous on marche et nous on tue, nous on crève.

Ici, chacun sait ce qu'il veut, ce qu'il fait, quand il passe;
Ami, si tu tombes un ami sort de l'ombre à ta place;
Demain, du sang noir séchera au grand soleil sur les routes;
Chantez, compagnons, dans la nuit la Liberté nous écoute.

Joseph Kessel, Maurice Druon, « Le chant des partisans »,
musique d'A. Marly, 1943, © Raoul Breton.

Boris Vian, « Le déserteur »

Dans ce texte, Boris Vian (1920-1959) dresse le bilan des lourdes pertes que les guerres ont fait subir à la population tout au long du XXe siècle. Il affirme son refus de participer à une action qu'il réprouve, quel que soit le prix à payer. Diffusée pour la première fois à la radio en 1954, le jour de la défaite de Diên Biên Phu (pendant la guerre d'Indochine), elle fut immédiatement censurée. Cette chanson devint un véritable manifeste pour tous les opposants aux guerres coloniales.

Monsieur le Président
Je vous fais une lettre
Que vous lirez peut-être
Si vous avez le temps

Je viens de recevoir
Mes papiers militaires
Pour partir à la guerre
Avant mercredi soir

Monsieur le Président
Je ne veux pas la faire
Je ne suis pas sur terre
Pour tuer des pauvres gens

C'est pas pour vous fâcher
Il faut que je vous dise
Ma décision est prise
Je m'en vais déserter.

Depuis que je suis né
J'ai vu mourir mon père
J'ai vu partir mes frères
Et pleurer mes enfants

Ma mère a tant souffert
Qu'elle est dedans sa tombe
Et se moque des bombes
Et se moque des vers

Quand j'étais prisonnier
On m'a volé ma femme
On m'a volé mon âme
Et tout mon cher passé

Demain de bon matin
Je fermerai ma porte
Au nez des années mortes
J'irai sur les chemins.

Je mendierai ma vie
Sur les routes de France
De Bretagne en Provence
Et je dirai aux gens

Refusez d'obéir
Refusez de la faire
N'allez pas à la guerre
Refusez de partir

S'il faut donner son sang
Allez donner le vôtre
Vous êtes bon apôtre
Monsieur le Président

Si vous me poursuivez
Prévenez vos gendarmes
Que je n'aurai pas d'armes
Et qu'ils pourront tirer.

«Le déserteur», paroles de Boris Vian, musique de Boris Vian et Harold Berg,

Jacques Prévert, «Barbara»

Dans ce poème mis en musique par Joseph Kosma (1905-1969), Jacques Prévert (1900-1977) évoque le désastre de la guerre à travers le souvenir d'une femme croisée un jour à Brest. Place militaire stratégique, Brest fut la ville française la plus bombardée lors de la Seconde Guerre mondiale. La chanson fit scandale à l'époque, Jacques Prévert y dénonçant un conflit encore toute proche.

Rappelle-toi Barbara
II pleuvait sans cesse sur Brest ce jour-là
Et tu marchais souriante
Épanouie ravie ruisselante
Sous la pluie
Rappelle-toi Barbara

Il pleuvait sans cesse sur Brest
Et je t'ai croisée rue de Siam
Tu souriais
Et moi je souriais de même
Rappelle-toi Barbara
Toi que je ne connaissais pas
Toi qui ne me connaissais pas
Rappelle-toi
Rappelle-toi quand même ce jour-là
N'oublie pas
Un homme sous un porche s'abritait
Et il a crié ton nom
Barbara
Et tu as couru vers lui sous la pluie
Ruisselante ravie épanouie
Et tu t'es jetée dans ses bras
Rappelle-toi cela Barbara
Et ne m'en veux pas si je te tutoie
Je dis tu à tous ceux que j'aime
Même si je ne les ai vus qu'une seule fois
Je dis tu à tous ceux qui s'aiment
Même si je ne les connais pas
Rappelle-toi Barbara
N'oublie pas
Cette pluie sage et heureuse
Sur ton visage heureux
Sur cette ville heureuse
Cette pluie sur la mer
Sur l'arsenal
Sur le bateau d'Ouessant
Oh Barbara
Quelle connerie la guerre
Qu'es-tu devenue maintenant
Sous cette pluie de fer
De feu d'acier de sang
Et celui qui te serrait dans ses bras
Amoureusement

Est-il mort disparu ou bien encore vivant
Oh Barbara
Il pleut sans cesse sur Brest
Comme il pleuvait avant
Mais ce n'est plus pareil et tout est abîmé
C'est une pluie de deuil terrible et désolée
Ce n'est même plus l'orage
De fer d'acier de sang
Tout simplement des nuages
Qui crèvent comme des chiens
Des chiens qui disparaissent
Au fil de l'eau sur Brest
Et vont pourrir au loin
Au loin très loin de Brest
Dont il ne reste rien.

Jacques Prévert, *Paroles*, Gallimard, 1949.

Jean Ferrat, « Ma France »

Le répertoire de Jean Ferrat (né en 1930) est composé de chansons populaires qui sont souvent des textes militants. Dans « Ma France », il évoque plusieurs siècles de l'histoire de son pays, rendant hommage aux révoltes populaires et à tous ceux qui se battent pour la liberté.

De plaines en forêts de vallons en collines
Du printemps qui va naître à tes mortes saisons
De ce que j'ai vécu à ce que j'imagine
Je n'en finirai pas d'écrire ta chanson
Ma France

Au grand soleil d'été qui courbe la Provence
Des genêts de Bretagne aux bruyères d'Ardèche
Quelque chose dans l'air a cette transparence
Et ce goût du bonheur qui rend ma lèvre sèche
Ma France

Cet air de liberté au-delà des frontières
Aux peuples étrangers qui donnait le vertige
Et dont vous usurpez aujourd'hui le prestige
Elle répond toujours du nom de Robespierre
Ma France

Celle du vieil Hugo tonnant de son exil
Des enfants de cinq ans travaillant dans les mines
Celle qui construisit de ses mains vos usines
Celle dont monsieur Thiers a dit qu'on la fusille
Ma France

Picasso tient le monde au bout de sa palette
Des lèvres d'Éluard s'envolent des colombes
Ils n'en finissent pas tes artistes prophètes
De dire qu'il est temps que le malheur succombe
Ma France

Leurs voix se multiplient à n'en plus faire qu'une
Celle qui paie toujours vos crimes vos erreurs
En remplissant l'histoire et ses fosses communes
Que je chante à jamais celle des travailleurs
Ma France

Celle qui ne possède en or que ses nuits blanches
Pour la lutte obstinée de ce temps quotidien
Du journal que l'on vend le matin d'un dimanche
À l'affiche qu'on colle au mur du lendemain
Ma France

Qu'elle monte des mines descende des collines
Celle qui chante en moi la belle la rebelle
Elle tient l'avenir serré dans ses mains fines
Celle de trente-six à soixante-huit chandelles
Ma France

Jean Ferrat, « Ma France », 1969, © Productions Alleluia.

Renaud, « Morts les enfants »

Renaud (né en 1952), auteur, compositeur et chanteur français, s'est lui-même surnommé le « chanteur énervant », faisant allusion à l'engagement aux multiples facettes qui transparaît dans ses chansons. Il fait ses débuts en 1968, prenant parti dans la révolte sociale qui agite alors la France entière. Dans « Morts les enfants », il défend l'enfance, victime innocente d'un monde déchiré par l'injustice, la guerre et l'appétit du pouvoir.

Chiffon imbibé d'essence
Un enfant meurt en silence
Sur le trottoir de Bogota
On ne s'arrête pas

Déchiquetés au champ de mines
Décimés aux premières lignes
Morts les enfants de la guerre
Pour les idées de leurs pères

Bal à l'ambassade
Quelques vieux malades
Imbéciles et grabataires
Se partagent l'univers

Morts les enfants de Bhopal
D'industrie occidentale
Partis dans les eaux du Gange
Les avocats s'arrangent

Morts les enfants de la haine
Près de nous ou plus lointaine
Morts les enfants de la peur
Chevrotine dans le cœur

Bal à l'ambassade
Quelques vieux malades
Imbéciles et militaires
Se partagent l'univers

Morts les enfants du Sahel
On accuse le soleil
Morts les enfants de Seveso
Morts les arbres les oiseaux

Morts les enfants de la route
Dernier week-end du mois d'Août
Papa picolait sans doute
Deux ou trois verres quelques gouttes

Bal à l'ambassade
Quelques vieux malades
Imbéciles et tortionnaires
Se partagent l'univers

Mort l'enfant qui vivait en moi,
Qui voyait en ce monde-là
Un jardin une rivière
Et des hommes plutôt frères

Le jardin est une jungle
Les hommes sont devenus dingues
La rivière charrie des larmes
Un jour l'enfant prend une arme

Balles sur l'ambassade
Attentat, grenade
Hécatombe au ministère
Sur les gravats, les grabataires

«Morts les enfants», paroles de Renaud Séchan, musique de Franck Langolff,

Dénoncer la misère sociale

Victor Hugo, « Discours sur la misère »

Durant toute sa vie, Victor Hugo (1802-1885) a mené de nombreux combats contre la peine de mort, le travail des enfants, la misère sociale. Son œuvre tout entière – roman, poèmes, pièces de théâtre – est engagée, marquée par ses convictions. Le 9 juillet 1849, député à l'Assemblée législative sous la IIe République, il prononce un discours sur la misère, dont voici un extrait.

Je ne suis pas, Messieurs, de ceux qui croient qu'on peut supprimer la souffrance en ce monde ; la souffrance est une loi divine ; mais je suis de ceux qui pensent et qui affirment qu'on peut détruire la misère. […]

Remarquez-le bien, Messieurs, je ne dis pas diminuer, amoindrir, limiter, circonscrire, je dis détruire. […] Les législateurs et les gouvernants doivent y songer sans cesse ; car, en pareille matière, tant que le possible n'est pas fait, le devoir n'est pas rempli.

La misère, Messieurs, j'aborde ici le vif de la question, voulez-vous savoir où elle en est, la misère ? Voulez-vous savoir jusqu'où elle peut aller, jusqu'où elle va, je ne dis pas en Irlande, je ne dis pas au Moyen Âge, je dis en France, je dis à Paris, et au temps où nous vivons ? Voulez-vous des faits ? […]

Il y a dans Paris, dans ces faubourgs de Paris que le vent de l'émeute soulevait naguère si aisément, il y a des rues, des maisons, des cloaques, où des familles, des familles entières, vivent pêle-mêle, hommes, femmes, jeunes filles, enfants, n'ayant pour lits, n'ayant pour couvertures, j'ai presque dit pour vêtements, que des monceaux infects de chiffons en fermentation, ramassés dans la fange du coin des bornes, espèce de fumier des villes, où des créatures humaines s'enfouissent toutes vivantes pour échapper au froid de l'hiver.

Voilà un fait. En voici d'autres. Ces jours derniers, un homme, mon Dieu, un malheureux homme de lettres, car la misère n'épargne pas plus les professions libérales que les professions manuelles, un malheureux homme est mort de faim, mort de faim à la lettre, et l'on a constaté, après sa mort, qu'il n'avait pas mangé depuis six jours.

Voulez-vous quelque chose de plus douloureux encore? Le mois passé, pendant la recrudescence du choléra, on a trouvé une mère et ses quatre enfants qui cherchaient leur nourriture dans les débris immondes et pestilentiels des charniers de Montfaucon!

Eh bien, Messieurs, je dis que ce sont là des choses qui ne doivent pas être; je dis que la société doit dépenser toute sa force, toute sa sollicitude, toute son intelligence, toute sa volonté, pour que de telles choses ne soient pas! Je dis que de tels faits, dans un pays civilisé, engagent la conscience de la société tout entière; que je m'en sens, moi qui parle, complice et solidaire, et que de tels faits ne sont pas seulement des torts envers l'homme, que ce sont des crimes envers Dieu! [...]

Vous n'avez rien fait, j'insiste sur ce point, tant que l'ordre matériel raffermi n'a point pour base l'ordre moral consolidé!

Victor Hugo, « Actes et paroles » [1875], dans *Œuvres complètes*, Robert Laffont, « Bouquins », 2002.

Victor Hugo, « Mélancholia »

Dans ce poème, Victor Hugo prend la parole pour un combat qui lui est cher: celui du travail des enfants. La révolution industrielle a entraîné l'exploitation des plus pauvres, dès leur plus jeune âge, au nom du progrès.

Où vont tous ces enfants dont pas un seul ne rit?
Ces doux êtres pensifs, que la fièvre maigrit?
Ces filles de huit ans qu'on voit cheminer seules?
Ils s'en vont travailler quinze heures sous des meules;
Ils vont, de l'aube au soir, faire éternellement
Dans la même prison le même mouvement.
Accroupis sous les dents d'une machine sombre,
Monstre hideux qui mâche on ne sait quoi dans l'ombre,
Innocents dans un bagne, anges dans un enfer,
Ils travaillent. Tout est d'airain, tout est de fer.

Jamais on ne s'arrête et jamais on ne joue.
Aussi quelle pâleur ! La cendre est sur leur joue.
Il fait à peine jour, ils sont déjà bien las.
Ils ne comprennent rien à leur destin, hélas !
Ils semblent dire à Dieu : « Petits comme nous sommes,
Notre père, voyez ce que nous font les hommes ! »
Ô servitude infâme imposée à l'enfant !
Rachitisme ! Travail dont le souffle étouffant
Défait ce qu'a fait Dieu ; qui tue, œuvre insensée,
La beauté sur les fronts, dans les cœurs la pensée,
Et qui ferait – c'est là son fruit le plus certain ! –
D'Apollon un bossu, de Voltaire un crétin !
Travail mauvais qui prend l'âge tendre en sa serre,
Qui produit la richesse en créant la misère,
Qui se sert d'un enfant ainsi que d'un outil !
Progrès dont on demande : « Où va-t-il ? Que veut-il ? »
Qui brise la jeunesse en fleur ! qui donne, en somme,
Une âme à la machine et la retire à l'homme !
Que ce travail, haï des mères, soit maudit !
Maudit comme le vice où l'on s'abâtardit !
Maudit comme l'opprobre et comme le blasphème !
Ô Dieu ! qu'il soit maudit au nom du travail même,
Au nom du vrai travail, sain, fécond, généreux,
Qui fait le peuple libre et qui rend l'homme heureux !

Victor Hugo, « Mélancholia », *Les Contemplations* [1853],
Gallimard, « Poésie », 1998.

Émile Zola, *Germinal*

Dans sa vaste fresque romanesque, les Rougon-Macquart, Émile Zola (1840-1902) décrit l'ensemble de la société du Second Empire (1851-1870). Dans cet extrait de *Germinal*, un des romans de cet immense ensemble, des mineurs, qui sont en grève depuis deux mois pour protester contre leurs conditions de vie indécentes, décident de se rendre chez leur patron, Hennebeau. La foule qui se masse près de la maison effraie la famille bourgeoise, qui craint la colère du peuple.

Les femmes avaient paru, près d'un millier de femmes, aux cheveux épars, dépeignés par la course, aux guenilles montrant la peau nue, des nudités de femelles lasses d'enfanter des meurt-de-faim. Quelques-unes tenaient leur petit entre les bras, le soulevaient, l'agitaient, ainsi qu'un drapeau de deuil et de vengeance. D'autres, plus jeunes, avec des gorges gonflées de guerrières, brandissaient des bâtons ; tandis que les vieilles, affreuses, hurlaient si fort, que les cordes de leurs cous décharnés semblaient se rompre. Et les hommes déboulèrent ensuite, deux mille furieux, des galibots, des haveurs, des raccommodeurs, une masse compacte qui roulait d'un seul bloc, serrée, confondue, au point qu'on ne distinguait ni les culottes déteintes, ni les tricots de laine en loques, effacés dans la même uniformité terreuse. Les yeux brûlaient, on voyait seulement les trous des bouches noires, chantant *La Marseillaise*, dont les strophes se perdaient en un mugissement confus, accompagné par le claquement des sabots sur la terre dure. Au-dessus des têtes, parmi le hérissement des barres de fer, une hache passa, portée toute droite ; et cette hache unique, qui était comme l'étendard de la bande, avait, dans le ciel clair, le profil aigu d'un couperet de guillotine.

« Quels visages atroces ! » balbutia Mme Hennebeau.

Négrel dit entre ses dents : « Le diable m'emporte si j'en reconnais un seul ! D'où sortent-ils donc, ces bandits-là ? »

Et, en effet, la colère, la faim, ces deux mois de souffrance et cette débandade enragée au travers des fosses, avaient allongé en mâchoires de bêtes fauves les faces placides des houilleurs de Montsou. À ce moment, le soleil se couchait, les derniers rayons, d'un pourpre sombre, ensanglantaient la plaine. Alors, la route sembla charrier du sang, les femmes, les hommes continuaient à galoper, saignants comme des bouchers en pleine tuerie.

« Oh ! superbe ! » dirent à mi-voix Lucie et Jeanne, remuées dans leur goût d'artistes par cette belle horreur.

Elles s'effrayaient pourtant, elles reculèrent près de Mme Hennebeau, qui s'était appuyée sur une auge. L'idée qu'il suffisait d'un regard, entre les planches de cette porte disjointe, pour qu'on les massacrât, la glaçait. Négrel se sentait blêmir, lui aussi, très brave d'ordinaire, saisi là d'une épouvante supérieure à sa volonté, une de ces épouvantes qui soufflent de l'inconnu. Dans le foin, Cécile ne bougeait plus. Et les autres, malgré leur désir de détourner les yeux, ne le pouvaient pas, regardaient quand même.

C'était la vision rouge de la révolution qui les emporterait tous, fatalement, par une soirée sanglante de cette fin de siècle. Oui, un soir, le peuple lâché, débridé, galoperait ainsi sur les chemins; et il ruissellerait du sang des bourgeois, il promènerait des têtes, il sèmerait l'or des coffres éventrés. Les femmes hurleraient, les hommes auraient ces mâchoires de loups, ouvertes pour mordre. Oui, ce seraient les mêmes guenilles, le même tonnerre de gros sabots, la même cohue effroyable, de peau sale, d'haleine empestée, balayant le vieux monde, sous leur poussée débordante de barbares. Des incendies flamberaient, on ne laisserait pas debout une pierre des villes, on retournerait à la vie sauvage dans les bois, après le grand rut, la grande ripaille, où les pauvres, en une nuit, efflanqueraient les femmes et videraient les caves des riches. Il n'y aurait plus rien, plus un sou des fortunes, plus un titre des situations acquises, jusqu'au jour où une nouvelle terre repousserait peut-être. Oui, c'était ces choses qui passaient sur la route, comme une force de la nature, et ils en recevaient le vent terrible au visage.

Un grand cri s'éleva, domina *La Marseillaise*:

« Du pain ! du pain ! du pain ! »

Émile Zola, *Germinal* [1885],
Gallimard, « Folio classique », 1999.

Romain Gary, *La Vie devant soi*

Romain Gary (1914-1980) est un écrivain et diplomate français. Né en Lituanie, il arrive en France à quatorze ans et connaît avec sa mère des années difficiles. En 1975, il publie sous le pseudonyme Émile Ajar *La Vie devant soi*, qui obtient le prix Goncourt la même année. Dans ce roman, il retrace l'histoire de Madame Rosa, qui élève des enfants de prostituées, et de Momo, narrateur et aîné de la bande. Se sentant responsable de la maisonnée, Momo déploie toute son énergie pour faire vivre tout le monde, ne reculant devant aucun moyen.

Il y avait des mois que les mandats n'arrivaient plus et pour Banania, Madame Rosa n'avait jamais vu la couleur de son argent, sauf quand il a débarqué, parce qu'elle s'était fait payer deux mois d'avance. Banania allait maintenant gratuitement sur ses quatre ans et il se conduisait sans gêne, comme s'il avait payé. Madame Rosa a pu lui trouver une famille car ce môme a toujours été un veinard. Moïse était encore en observation et il bouffait dans la famille qui l'observait depuis six mois pour être sûre qu'il était de bonne qualité et qu'il ne faisait pas de l'épilepsie ou des crises de violence. Les crises de violence, c'est surtout de ça que les familles ont peur quand ils veulent un môme, c'est la première chose à éviter, si on veut se faire adopter. Avec les mômes à la journée et pour nourrir Madame Rosa, il fallait douze cents francs par mois et encore il fallait ajouter les médicaments et le crédit qu'on lui refusait. On ne pouvait pas nourrir Madame Rosa seule à moins de quinze francs par jour sans faire d'atrocités, même si on la faisait maigrir. Je me souviens que je lui ai dit ça très franchement, il faut maigrir pour manger moins, mais c'est très dur pour une vieille femme qui est seule au monde. Elle a besoin de plus d'elle-même que les autres. Lorsqu'il n'y a personne pour vous aimer autour, ça devient de la graisse. J'ai recommencé à aller à Pigalle où il y avait toujours cette dame, Maryse, qui était amoureuse de moi parce que j'étais encore un enfant. Mais j'avais une peur bleue parce que le proxynète est puni de prison et on était obligés de se rencontrer en cachette. Je l'attendais dans une porte cochère, elle venait m'embrasser, se baissait, disait « mon joli cœur, qu'est-ce que j'aimerais avoir un fils comme toi », et puis elle me refilait le prix de la passe. J'ai aussi profité de Banania chez nous pour chaparder dans les magasins. Je le laissais tout seul avec son sourire pour qu'il désarme et il faisait autour de lui un attroupement, à cause des sentiments émus et attendrissants qu'il inspirait. Quand ils ont quatre ou cinq ans, les Noirs sont très bien tolérés. Des fois je le pinçais pour qu'il gueule, les gens l'entouraient de leur émotion et pendant ce temps je fauchais des choses utiles à manger. J'avais un pardessus jusqu'aux talons avec des poches maison que Madame Rosa m'avait cousues et c'était ni vu ni connu. La faim, ça ne pardonne pas. Pour sortir, je prenais Banania dans mes bras, je me mettais derrière une bonne femme qui payait et on croyait que j'étais avec elle, pendant que Banania faisait la pute. Les enfants sont très bien vus quand ils ne sont pas encore dangereux. Même moi, je recevais des mots gentils et des sourires, les gens se sentent toujours rassurés lorsqu'ils voient un môme qui n'a pas encore l'âge d'être un voyou. J'ai des cheveux bruns, des yeux bleus et je n'ai pas le nez juif comme les Arabes, j'aurais pu être n'importe quoi sans être obligé de changer de tête.

Romain Gary, *La Vie devant soi* [1975],
Belin-Gallimard, « Classico », 2009.

Autour de l'œuvre

Contexte historique et culturel

La montée des totalitarismes en Europe après la Première Guerre mondiale

Le 11 novembre 1918, l'armistice, qui est signé à Rethondes, met fin à la Première Guerre mondiale. La Grande Guerre a duré quatre ans, a fait dix millions de morts et a laissé une Europe meurtrie.

Ce conflit contribue à déclencher en Russie la révolution de 1917 et l'instauration d'un État communiste, dirigé par Lénine, puis par Staline. Ce dernier installe un régime de terreur.

Dans les années qui suivent la fin de la guerre, de nombreux bouleversements ébranlent l'ordre du monde. À partir de 1929, les États-Unis puis l'Europe sont secoués par une crise économique d'une grande ampleur. Cette crise accroît les tensions sociales au sein des pays touchés et ouvre notamment la voie à l'instauration de régimes totalitaires. Ainsi, en 1922, Mussolini arrive au pouvoir en Italie ; en 1933, Hitler obtient les pleins pouvoirs en Allemagne ; et, en 1936, le général Franco s'impose en Espagne après un coup d'État. S'ensuit une guerre civile de 1936 et 1939 entre les franquistes et les républicains. Tandis que l'Allemagne et l'Italie soutiennent Franco, de nombreux intellectuels défendent une République populaire. La montée des totalitarismes, et en particulier le nazisme, modifie les relations internationales et accélère la marche vers la Seconde Guerre mondiale.

La Seconde Guerre mondiale

En septembre 1939, l'Allemagne déclenche la guerre en envahissant la Pologne. Les réseaux d'alliance qui se sont développés entre les États rendent le conflit mondial. La guerre en France est de courte durée : en juin 1940, c'est la débâcle. Toute la moitié nord de la France est occupée par l'armée allemande. Au sud du pays s'installe le régime de Vichy, dirigé par le maréchal Pétain, qui collabore avec l'Allemagne. Arrestations, tortures, déportations se multiplient sans rencontrer d'opposition de la part du gouvernement. Mais la Résistance s'organise : partout en Europe se lèvent des hommes qui luttent contre les occupants.

Durant le conflit, les nazis mettent en place une politique concentrationnaire qui vise les opposants politiques, les résistants et les « races » dites « inférieures » : les juifs et les Tziganes. Des millions de personnes ont péri dans les camps de concentration.

Le débarquement des Alliés a lieu le 6 juin 1944 en Normandie. À l'automne 1944, la plus grande partie du territoire français est libérée. Le 8 mai 1945, l'armistice est signé en France, marquant la défaite de l'Allemagne.

La guerre froide

Mais, dès 1947, l'entente semble impossible entre l'URSS et les États-Unis, les deux vainqueurs de la Seconde Guerre mondiale. Le globe est découpé en deux zones : le monde occidental derrière les Américains et les pays de l'Est derrière les Soviétiques. La guerre froide commence alors.

Un premier exemple de ces tensions est la guerre civile grecque (1945-1949). Le parti communiste, qui a résisté activement à l'occupation allemande, veut prendre le pouvoir après la Seconde Guerre mondiale et renverser la monarchie. L'Angleterre, qui redoute la propagation du communisme, intervient militairement. Après une première trêve en 1945, tous les acteurs de la guerre froide se retrouvent dans ce conflit. Milices de droite et de gauche s'affrontent, aboutissant aux pires exactions. Les communistes échouent définitivement en 1949, laissant la place à un gouvernement conservateur.

La lutte entre les deux pôles s'étend au monde entier. En Amérique du Sud, par exemple, la tentation communiste est forte. Mais les États-Unis, pour préserver leurs intérêts, soutiennent l'instauration de régimes forts et conservateurs. Au Chili, dès 1946, Pablo Neruda est exilé pour avoir exprimé des convictions contre le pouvoir en place. En 1973, le coup d'État du général Pinochet plonge le pays dans quinze années d'une terrible dictature.

La décolonisation

La Seconde Guerre mondiale a affaibli le prestige des puissances coloniales et les mouvements nationalistes, apparus dans l'entre-deux-guerres, se sont renforcés. En outre, le climat de l'après-guerre est à l'anti-colonialisme. La *Charte* de l'ONU (1946) et la *Déclaration universelle des droits de l'homme* proclament le droit des peuples à disposer d'eux-mêmes.

La décolonisation est tantôt le résultat d'accords avec les métropoles, tantôt l'aboutissement d'une lutte armée. L'opposition de la métropole aux mouvements d'émancipation donne lieu à des guerres d'indépendance difficiles (Indochine [1946-1954], Algérie [1954-1962]). Les colonies françaises d'Afrique noire accèdent pacifiquement à l'indépendance dans les années 1960.

Mais l'indépendance ne règle pas tous les problèmes de ces nouveaux États. Émerge alors un troisième bloc : celui des pays du Tiers-Monde, affaibli politiquement et économiquement, et dont toute l'identité politique et culturelle est à reconstruire.

Les poètes face à l'Histoire

Les conflits du XXe siècle se sont accompagnés d'un engagement très fort des intellectuels et des écrivains. Pendant la Résistance française, les poètes diffusent leurs œuvres dans des conditions difficiles : le papier est une denrée rare et la censure est très importante. Les poèmes deviennent un objet de liberté, de résistance et de combat. Ils sont appris par cœur, copiés, recopiés et distribués sur des tracts.

Dans les pays colonisés, les écrivains se font les porte-parole de leur peuple pour revendiquer l'indépendance culturelle et affirment dans leurs textes leur volonté de lutter contre la suprématie colonialiste des occidentaux. À travers leurs écrits, les écrivains de la négritude condamnent sans appel l'esclavage, le colonialisme et toutes les formes de discrimination.

Repères chronologiques

1913	G. Apollinaire, *Alcools* (poésie).
1914	**Début de la Première Guerre mondiale.**
1917	**Révolution russe.**
1922	**Prise du pouvoir par Mussolini en Italie.**
1933	**Prise du pouvoir par Hitler en Allemagne.**
1936	**Coup d'État de Franco, début de la guerre civile espagnole.**
1937	P. Picasso, *Guernica* (peinture).
1939	**Début de la Seconde Guerre mondiale.**
1940	C. Chaplin, *Le Dictateur* (film).
1941	Fondation des Éditions de Minuit, maison d'édition clandestine.
1943	Publication du recueil collectif *L'Honneur des poètes* (poésie).
1945	**Armistice; création de l'ONU; début de la guerre civile grecque.**
1945	B. Péret, *Le Déshonneur des poètes* (pamphlet).
1946	**Début de la guerre d'Indépendance en Indochine.**
1947	**Début de la guerre froide.**
1950	A. Césaire, *Discours sur le colonialisme* (pamphlet); P. Neruda, *Chant général* (poésie).
1954	**Accords de Genève, fin de la présence française en Indochine; début de la guerre d'Algérie.**
1960	**Indépendance du Sénégal; élection du poète Léopold Sédar Senghor à la présidence de la République.**
1991	**Dissolution de l'URSS et fin de la guerre froide.**

Les grands thèmes de l'œuvre

La violence et la haine

La violence de l'oppresseur

Les poètes de cette anthologie ont en commun de dénoncer la violence qui s'exerce contre les peuples, sous toutes ses formes.

La Seconde Guerre mondiale débute dans une Europe mal guérie des atrocités de la Grande Guerre. Louis Aragon dans « La Nuit de Mai » (p. 32) dresse un portrait des soldats d'hier et d'aujourd'hui marqués par le sceau de la souffrance et de la mort.

Mais la barbarie nazie donne lieu à une explosion de violence dépassant tout ce qu'on pouvait imaginer : ce n'est plus l'horreur des tranchées, le désordre de la guerre, mais une violence concertée, maîtrisée, planifiée. Les arrestations au petit jour, les prises d'otage, la torture deviennent monnaie courante. Ainsi, dans « Couplets de la rue Saint-Martin » (p. 23), Robert Desnos parle de la disparition de son ami André Platard, qui, à travers ces vers, devient symbole de tous les disparus.

René Char, dans le fragment 128 des *Feuillets d'Hypnos* (p. 30) nous livre une scène de torture telle qu'il s'en produisait quotidiennement dans les lieux où on supposait qu'il y avait des résistants.

La Russie de Staline et l'Espagne de Franco connaissent aussi des explosions de violence. Dans « Requiem » (p. 52), Anna Akhmatova se fait le porte-parole des femmes qui souffrent dans l'attente d'un être cher victime d'une arrestation arbitraire.

Federico García Lorca, quant à lui, présente dans « Romance de la Garde civile espagnole » (p. 55) une fresque montrant la violence dont est victime tout un peuple. Enfin, Yannis Ritsos, à la fin de la guerre civile grecque, raconte dans « Événements » (p. 71) comment les vaincus communistes ont vécu l'horreur des camps dits de « rééducation ».

La violence prend une autre dimension dans les textes qui évoquent l'esclavage et la colonisation. À côté de la violence physique, bien présente dans un texte comme « Souffre pauvre nègre » (p. 95) de David Diop, il y a la violence psychologique, qui s'exerce par la parole. Dans « Un Blanc m'a dit… » (p. 95), David Diop donne la parole à l'oppresseur. Il montre ainsi comment un discours peut dégrader un individu, le marquer et exercer sur lui une violence encore plus forte que la violence physique.

La violence du poète

Mais la violence dans les poèmes n'est pas uniquement du côté de l'oppresseur. La poésie engagée est une véritable entrée en guerre des écrivains, qui prennent la plume comme on prend les armes. Leurs discours expriment avec force leurs convictions, et les situations extrêmes dans lesquelles ils écrivent les amènent à des sentiments exacerbés. Ainsi Robert Desnos dans « Ce cœur qui haïssait la guerre… » (p. 24) exhorte à la haine et au meurtre. La vie quotidienne des résistants, dans « Le veilleur du Pont-au-Change » (p. 25), est évoquée dans tous ses aspects, sans chercher à adoucir une action qui est forcément associée à la violence et à la mort. Paul Éluard, lui, marque toute sa haine envers l'armée allemande, et l'attaque de façon sarcastique dans « Bêtes et méchants » (p. 16).

La violence du poète peut également s'exprimer par l'attaque *ad nominem* : Pablo Neruda attaque pour sa part sans détour les personnes auxquelles il s'oppose. Il les désigne sans ambiguïté dans « Les menteurs » (p. 67). Ces attaques personnelles se doublent d'un vocabulaire extrêmement péjoratif (« nains », « souris », « vermisseaux »). Aimé Césaire utilise de la même façon la technique de l'attaque directe dans *Cahier d'un retour au pays natal* (p. 84). Il pronostique la défaite de l'ennemi et la victoire de son peuple en des termes violents.

Ainsi la violence se retrouve de part et d'autre dans la poésie engagée : à la dénonciation de la tyrannie et de l'oppression se mêle la violence du ton adopté par le poète pour délivrer son message.

La fraternité et l'amour

La solidarité des peuples

Chez tous les auteurs, l'amitié et la solidarité occupent une place très importante dans leur combat politique. Ils mettent en valeur la force du groupe pour mener à bien leur combat.

Paul Éluard, dans « Avis » (p. 14), montre comment, à la veille de sa mort, un résistant reprend courage en réalisant que son combat sera poursuivi après lui. Robert Desnos, dans « Le veilleur du Pont-au-Change » (p. 25), étend le sentiment de fraternité à tous les Alliés qui, dans le monde, luttent pour la même cause, donnant de la force à un individu seul au cœur de la nuit.

Par-delà la violence et la haine, consécutives au conflit, se lit malgré tout un véritable amour de l'humanité, comme l'exprime René Char dans le fragment 128 des *Feuillets d'Hypnos* : « J'ai aimé farouchement mes semblables cette journée-là, bien au-delà du sacrifice » (p. 31).

Le poète, au-delà de son combat singulier, devient alors un porte-parole. Il est celui qui donne la voix à tous les siens, il est le témoin. Ainsi, Anna Akhmatova raconte comment est né le projet de son recueil « Requiem » : « Une fois, quelqu'un m'a "identifiée". Alors la femme aux lèvres bleues qui était derrière moi – elle n'avait évidemment jamais entendu mon nom – s'est réveillée de cette torpeur qui nous était propre à toutes et m'a demandé à l'oreille (là tout le monde parlait en chuchotant) :

– Et cela, vous pouvez le décrire ?

Et j'ai dit :

– Je peux.

Alors quelque chose comme un sourire est passé sur ce qui autrefois avait été son visage » (p. 52).

On retrouve chez Léopold Sédar Senghor la même volonté de témoigner pour son peuple, dans « Poème liminaire » (p. 89).

L'expression du lyrisme

L'expression des sentiments du poète semble dépasser le combat politique qu'il poursuit. La poésie engagée s'empreint alors de lyrisme. Ainsi, Pablo Neruda dans « Salut » (p. 64), exprime son attachement pour son pays à la manière d'un véritable chant d'amour.

L'expression des sentiments personnels peut paraître surprenante dans des textes traitant de combats politiques, au nom du bien des peuples. Cependant une poésie qui ne serait qu'une poésie d'idées court le risque de devenir décharnée, inhumaine. Le poète qui se bat a besoin de savoir ce qui le porte dans sa lutte, ce qui le fait vivre et espérer.

Ainsi, dans son combat, le poète s'appuie sur la fraternité au nom de laquelle il lutte, et aussi sur ce qu'il a de plus intime. Il trouve la force d'avancer et de continuer à vivre au milieu de l'horreur.

Fenêtres sur...

Des ouvrages à lire

D'autres poèmes engagés

• Jean-Marie Henry et Laurent Corvaisier, *Poèmes à crier dans la rue: anthologie de poèmes pour rêver un autre monde*, Rue du monde, 2007.
Dans ce recueil de poèmes engagés, des auteurs de tous pays défendent la cause des peuples et la liberté. Ils mettent en valeur la fonction sociale du poète dans nos sociétés, lequel doit être témoin de son temps et prendre position face aux problèmes qui l'entourent. Cette édition, superbement illustrée, est accessible à tous.

• Jean Faucheur, Brigitte Stephan et Didier Barraud, *Le Slam, poésie urbaine*, Mango, « Album Dada », 2006 (contient un CD audio).
Cette anthologie met l'accent sur un genre poétique qui est né dans les années 1990: le slam. Les slamers composent des textes mêlant la parole poétique à la musique et au rythme. Ils observent le monde dans lequel nous vivons et expriment leurs convictions. Ce livre, accompagné d'un CD, permet de découvrir un genre littéraire contemporain et des artistes parfois peu connus.

Des récits sur la Seconde Guerre mondiale

• Vercors, *Le Silence de la mer* [1942], Librairie générale française, « Le livre de poche », 1967.
Vercors (de son vrai nom Jean Bruller) publie clandestinement ce récit en 1942 aux éditions de Minuit. Il raconte l'histoire d'un soldat allemand, hébergé dans une famille française. Contrainte de le recevoir, celle-ci fait acte de résistance par son silence, alors que le jeune soldat tente désespérément de communiquer.

• Fred Uhlman, *L'Ami retrouvé* [1971], trad. de l'anglais par Léo Lack, Gallimard, « Folioplus classiques », 2005.
Âgé de seize ans, Hans Schwarz, fils unique d'un médecin juif, fréquente le lycée le plus renommé de Stuttgart. Il mène une existence solitaire, sans

ami véritable, lorsqu'en février 1932 arrive dans sa classe Conrad, un garçon protestant, qui lui permet de vivre son idéal d'amitié. Mais l'avènement d'Hitler au pouvoir séparera les deux adolescents.

• **Anne Frank, *Journal* [1947], trad. du néerlandais par Nicolette Oomes et Philippe Noble, Librairie générale française, « Le livre de poche », 2007.**
Anne Frank est une adolescente juive qui connaît une enfance heureuse à Amsterdam jusqu'en 1942, malgré la guerre. À partir de cette date, sa famille et elle vivent clandestinement dans l'annexe d'un immeuble pour échapper à la déportation. La jeune fille a tenu son journal de 1942 à 1944, et son témoignage reste l'un des plus émouvants sur la vie quotidienne d'une famille juive pendant la Seconde Guerre mondiale.

• **Primo Levi, *Si c'est un homme* [1947], Pocket, 1988.**
Dans ce récit, Primo Levi, juif italien, relate son expérience des camps de concentration. Déporté à Auschwitz, il décrit le fonctionnement des camps, la vie au quotidien, la déshumanisation progressive que subissent les prisonniers. Adoptant un ton neutre et détaché, ce texte fait ressortir de façon encore plus poignante l'horreur des camps, et constitue un témoignage essentiel.

• **Art Spielgelman, *Maus* [1973-1991], Flammarion, 1998.**
Cette bande dessinée relate l'histoire du père de l'auteur, Vladek, juif rescapé d'Auschwitz. Il raconte sa vie de 1930 à 1944, date de sa déportation. Cette bande dessinée, considérée comme un chef-d'œuvre, utilise l'image de façon symbolique : les nazis sont représentés comme des chats, les juifs comme des souris.

Des récits sur la guerre d'Espagne et ses conséquences

• **Guy Jimenes, *L'Enfant de Guernica*, Oskar éditions, 2007.**
Emilio vit à Guernica, dans le pays basque espagnol. En 1937, sa ville est bombardée par les franquistes. Il est le seul survivant de sa famille. Bien des années plus tard, sa fille cherche à comprendre l'histoire de son père. Ce roman historique, sensible et bien documenté, permet de mieux comprendre la période tourmentée que constitue la guerre d'Espagne.

• Michel del Castillo, *Tanguy* [1957], Gallimard, « Folio », 1996.
Tanguy, cinq ans, fuit l'Espagne de Franco avec sa mère. Ils gagnent la France, où ils sont séparés. Capturé par les Allemands, Tanguy est déporté dans un camp de concentration en Allemagne. Ce roman marque le destin brisé d'une famille victime de la guerre.

Des récits et essais sur l'esclavage et le colonialisme

• Alex Haley, *Racines* [1976], J'ai lu, 2000.
Racines *est un récit qui oscille entre la saga familiale et le livre documentaire : Alex Haley, noir américain, a reçu en héritage un certain nombre d'indices qui lui permettent de retrouver ses origines. Après bien des recherches, il découvre que son ancêtre Kounta Kinté, originaire de Gambie (Afrique), a été capturé alors qu'il était adolescent et vendu comme esclave en Amérique. Il retrace alors l'histoire de sa famille sur plusieurs générations.*

• Aimé Césaire, *Discours sur le colonialisme* [1950], Présence africaine, 2000.
Cet essai virulent, écrit à l'époque des décolonisations, est un réquisitoire contre la politique coloniale européenne. C'est à la fois un acte d'accusation et un acte de libération. Aimé Césaire y développe les idées contenues dans son recueil poétique Cahier d'un retour au pays natal.

Des films à voir

(Les œuvres citées ci-dessous sont disponibles en DVD.)

La Résistance pendant la Seconde Guerre mondiale

• *Paris brûle-t-il ?*, film de René Clément, avec Jean-Paul Belmondo, Jean-Pierre Cassel, Alain Delon et Kirk Douglas, couleur, 1966.
À la toute fin de la Seconde Guerre mondiale, l'action des résistants rend petit à petit la capitulation allemande inévitable. Mais Hitler donne l'ordre à son armée de ne pas se rendre sans avoir détruit Paris.

• *L'Armée des ombres*, film de Jean-Pierre Melville, avec Lino Ventura et Jean-Pierre Cassel, couleur, 1969.
Adapté d'un roman de Joseph Kessel, ce film retrace la vie difficile d'un groupe de résistants qui agit dans l'ombre, traqué à la fois par la Gestapo et par la police de Vichy.

• *Au revoir les enfants*, film de Louis Malle, avec Gaspard Manesse et Raphael Fejtö, couleur, 1987.
Pendant l'hiver 1944, dans un internat de la France occupée, trois enfants arrivent en cours d'année scolaire. Il s'agit de jeunes juifs, qu'un prêtre résistant accepte de protéger au péril de sa propre vie.

• *Lucie Aubrac*, film de Claude Berri, avec Carole Bouquet et Daniel Auteuil, couleur, 1997.
Ce film, tiré du livre de Lucie Aubrac Ils partiront dans l'ivresse, *retrace l'histoire authentique d'une résistante pendant la Seconde Guerre mondiale.*

• *L'Armée du crime*, film de Robert Guédiguian, avec Simon Abkarian et Virginie Ledoyen, couleur, 2009.
Dans Paris occupé par les Allemands, Manouchian, un juif arménien, prend la tête d'un groupe de jeunes juifs étrangers qui vont entrer en résistance pour défendre le pays qui leur a donné l'asile. Ils deviennent de vrais héros de l'ombre, et vont être persécutés par les Allemands.

Les combats révolutionnaires au XXe siècle

• *Le Facteur*, film de Michael Radford, avec Philippe Noiret et Massimo Troisi, couleur, 1995.
Mario, un jeune facteur quasiment illettré, fait la connaissance de Pablo Neruda, exilé sur une île italienne. Le poète l'initie à la beauté de mots et à son combat politique.

• *Che Guevara*, film de Steven Soderbergh, avec Benicio Del Toro et Carlos Bardem, couleur, 2007-2009.
Ce film en deux parties (« L'Argentin » 2007, « Guerilla » 2009) retrace le parcours révolutionnaire de Ernesto Guevara : jeune médecin, Ernesto Guevara est marqué lors de ses voyages par l'extrême pauvreté qu'il rencontre.

Il rejoint en 1956 l'armée rebelle de Fidel Castro afin de renverser le dictateur cubain Fulgancio Baptista. Devenu très populaire, il prépare ensuite en Bolivie la Révolution latino-américaine.

L'esclavage et la colonisation

• *Amistad*, film de Steven Spielberg, avec Morgan Freeman et Anthony Hopkins, couleur, 1997.
En 1839, les esclaves africains de « l'Amistad », navire espagnol qui fait route vers l'Amérique, se révoltent contre leurs bourreaux et prennent le pouvoir à bord. Mais manipulés par le capitaine, ils débarquent sur le territoire américain où ils vont être jugés pour leur mutinerie. Un avocat prend leur défense, faisant de leur cause un symbole de la lutte contre l'esclavage.

• *Indigènes*, film de Rachid Bouchareb, avec Jamel Debbouze et Roschdy Zem, couleur, 2006
En 1943, les Américains débarquent en Algérie et au Maroc. L'armée de la Libération va se former à partir des colonies françaises d'Afrique du Nord, s'appuyant sur les « tirailleurs », également appelés « indigènes », c'est-à-dire les soldats originaires des colonies. Ces derniers, se battant au nom de la liberté, vont aller de désillusion en désillusion.

Des lieux historiques à visiter

• **Musée du débarquement**
Place du 6 Juin - 14117 Arromanches.

• **Mémorial de Caen**
Esplanade du Général Eisenhower - 14000 Caen.

• **Musée de la Résistance nationale**
Parc Vercors - 88 avenue Max Dormoy - 94501 Champigny-Sur-Marne.

• **Maison des Esclaves**
Île de Gorée - Sénégal.

• **Musée de la paix**
Guernica - Pays Basque - Espagne.

Notes

Notes

Notes

Notes

Notes

Dans la même collection

CLASSICOCOLLÈGE

14-18 Lettres d'écrivains (anthologie) (1)
Gilgamesh (17)
Histoires de vampires (33)
La Poésie engagée (anthologie) (31)
La Poésie lyrique (anthologie) (49)
Le Roman de Renart (50)
Guillaume Apollinaire – *Calligrammes* (2)
Lewis Carroll – *Alice au pays des merveilles* (53)
Chrétien de Troyes – *Yvain ou le Chevalier au lion* (3)
Corneille – *Le Cid* (41)
Didier Daeninckx – *Meurtres pour mémoire* (4)
William Golding – *Sa Majesté des Mouches* (5)
Homère – *L'Odyssée* (14)
Victor Hugo – *Claude Gueux* (6)
Joseph Kessel – *Le Lion* (38)
J.M.G. Le Clézio – *Mondo et trois autres histoires* (34)
Jack London – *L'Appel de la forêt* (30)
Guy de Maupassant – *Histoire vraie et autres nouvelles* (7)
Guy de Maupassant – *Le Horla* (54)
Prosper Mérimée – *Mateo Falcone* et *La Vénus d'Ille* (8)
Molière – *L'Avare* (51)
Molière – *Les Fourberies de Scapin* (9)
Molière – *Le Malade imaginaire* (42)
Molière – *Le Médecin malgré lui* (13)
Molière – *Le Médecin volant* (52)
Jean Molla – *Sobibor* (32)
Ovide – *Les Métamorphoses* (37)
Charles Perrault – *Le Petit Poucet et trois autres contes* (15)
Edgar Allan Poe – *Trois nouvelles extraordinaires* (16)
Jules Romains – *Knock ou le Triomphe de la médecine* (10)
Antoine de Saint-Exupéry – *Lettre à un otage* (11)
Paul Verlaine – *Romances sans paroles* (12)

CLASSICOLYCÉE

Guillaume Apollinaire – *Alcools* (25)
Charles Baudelaire – *Les Fleurs du mal* (21)
Emmanuel Carrère – *L'Adversaire* (40)
Dai Sijie – *Balzac et la Petite Tailleuse chinoise* (28)
Denis Diderot – *Supplément au Voyage de Bougainville* (56)
Annie Ernaux – *La Place* (35)
Romain Gary – *La Vie devant soi* (29)
Jean Genet – *Les Bonnes* (45)
J.-Cl. Grumberg, Ph. Minyana, N. Renaude – *Trois pièces contemporaines* (24)
Victor Hugo – *Le Dernier Jour d'un condamné* (44)
Victor Hugo – *Ruy Blas* (19)
Eugène Ionesco – *La Cantatrice chauve* (20)
Eugène Ionesco – *Le roi se meurt* (43)
Marivaux – *L'Île des esclaves* (36)
Marivaux – *Le Jeu de l'amour et du hasard* (55)
Guy de Maupassant – *Bel-Ami* (27)
Molière – *Dom Juan* (26)
Molière – *Le Tartuffe* (48)
Abbé Prévost – *Manon Lescaut* (23)
Racine – *Andromaque* (22)
Racine – *Phèdre* (39)
Voltaire – *Candide* (18)
Voltaire – *Zadig* (47)
Émile Zola – *La Fortune des Rougon* (46)

Cet ouvrage a été composé par Palimpseste à Paris.

Imprimé en Espagne par Novoprint (Barcelone)
N° d'édition : 005151-03 – Dépôt légal : mai 2011